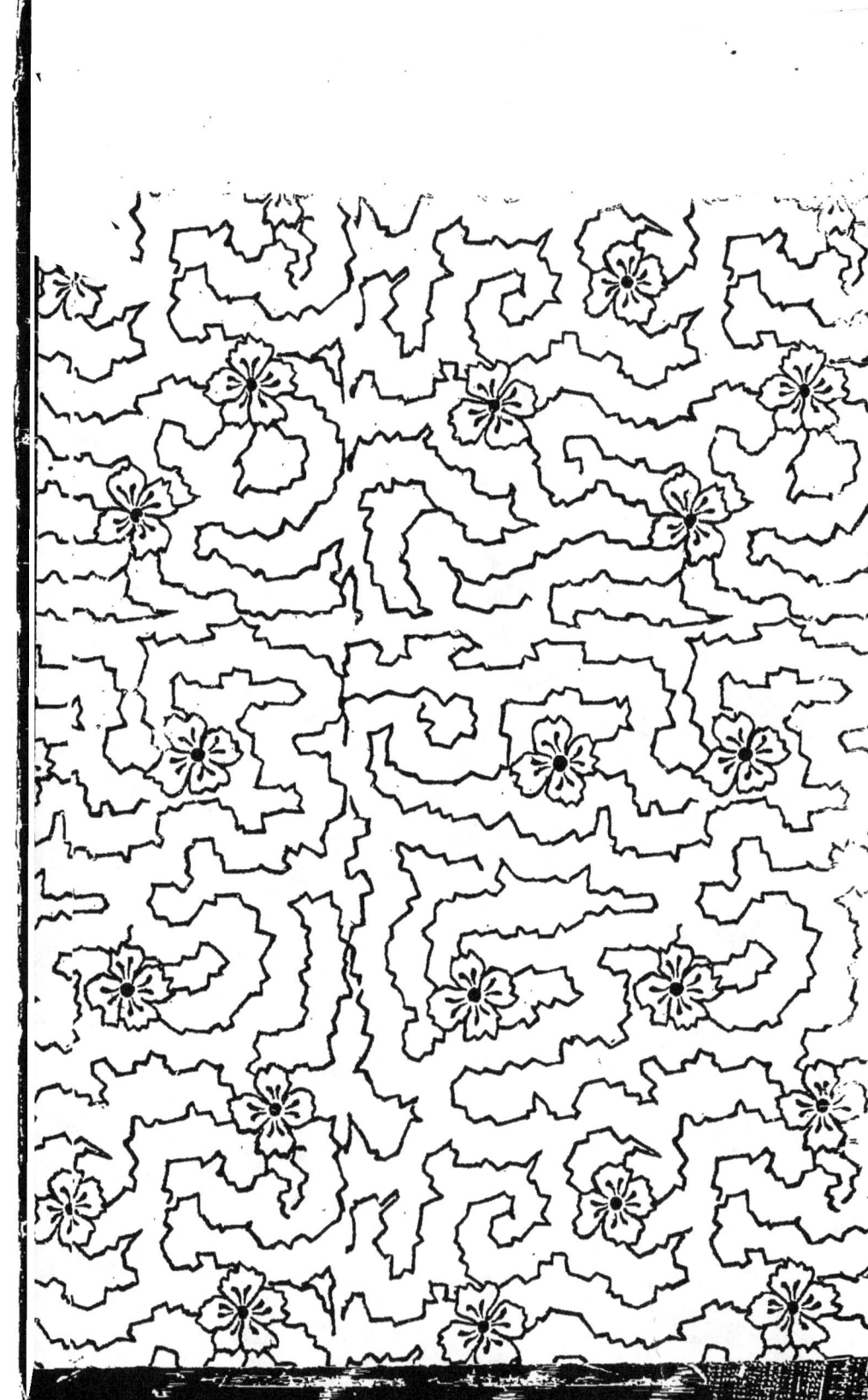

MADAME CARVALHO

NOTES ET SOUVENIRS

PARIS — M DCCC LXXXV

MADAME CARVALHO

TIRAGE A PETIT NOMBRE

Il a été tiré en plus :

50 exemplaires sur papier de Hollande (Nos 16 à 65).
15 — sur papier de Chine (Nos 1 à 15).

65 exemplaires, numérotés.

E.-A. SPOLL

Mme CARVALHO

NOTES ET SOUVENIRS

AVEC UN

Portrait à l'eau-forte par Lalauze

PARIS
LIBRAIRIE DES BIBLIOPHILES
Rue Saint-Honoré, 338

M DCCC LXXXV

AVANT-PROPOS

C'EST un lieu commun que l'art n'a point de patrie; et cependant, l'art étant le miroir d'une civilisation, chaque peuple imprime un caractère qui lui est propre non seulement aux productions tangibles de son génie, mais encore au talent de ses artistes.

Celui de Mme Carvalho est si éminemment français que l'illustre cantatrice, admirée, acclamée dans toute l'Europe, n'est réellement comprise qu'en France, j'allais dire à Paris. Ses plus grands succès, elle les a obtenus en interprétant, — si l'on excepte Mozart, qui est universel, — Hérold, Auber, Adam, Massé, A. Thomas, Gounod, les maîtres les plus essentiellement français.

C'est que la caractéristique de ce talent si souple, si varié, si complet, est précisément le style, expression suprême du goût, la qualité française par excellence.

Mme Carvalho a, de plus, cette fortune singulière d'avoir excellé dans les qualités qu'on lui a quelquefois refusées. Cela tient à ce que sans présomption, uniquement préoccupée de mieux faire, elle a tenu compte de tous les avis sérieux, et, à force de volonté patiente, triomphé de tous les obstacles.

A son début, on a répété sur tous les tons qu'elle n'avait déjà plus de voix. Elle a fortifié par l'étude ce frêle organe, et, après vingt ans d'un labeur sans trêve, elle a chanté mieux que personne les derniers actes de FAUST, qui exigent cependant une grande puissance.

On a dit qu'elle n'avait pas de médium, et, dans les variations du CARNAVAL DE VENISE, elle parvint à reproduire les notes les plus graves du violon.

On a prétendu qu'elle ne savait que vocaliser, et pas une cantatrice en Europe n'a dit avec plus de style et d'autorité les andantes des NOCES DE FIGARO et du PRÉ AUX CLERCS.

Combien de fois n'a-t-on pas écrit que Mme Carvalho était une chanteuse accomplie, mais qu'elle n'était pas comédienne! Et cependant elle s'est montrée, au dire de tous, charmante actrice dans LE CAÏD, piquante dans L'EAU MERVEILLEUSE, touchante dans LES NOCES DE JEANNETTE, spirituelle dans LA FANCHONNETTE, adorable dans le Chérubin des

Noces de Figaro, *rêveuse et passionnée dans* Faust, *tragédienne dans* Roméo et Juliette, *pleine de charme et de tact dans le rôle un peu risqué de Baucis, de coquetterie et de finesse dans celui de la reine de Navarre*

La vérité est qu'on ne peut comparer Mme *Carvalho à aucune cantatrice moderne et qu'elle l'emporte sur toutes. Pour donner une idée de la prodigieuse variété de son talent, les critiques ont été obligés de dire qu'elle vocalise comme M*^me *Damoreau, qu'elle a le style de Duprez, son maître, le goût de la Frezzolini; qu'elle interprète l'auguste simplicité des maîtres anciens comme M*^me *Viardot; enfin qu'elle dit l'andante d'une façon magistrale et qui n'appartient qu'à elle.*

Mais, comme nous le remarquons plus haut, le point sur lequel tout le monde est d'accord, c'est que la qualité maîtresse de Mme *Carvalho est le style, produit d'une nature exceptionnellement intelligente et d'un sentiment exquis de la musique.*

Ses autres qualités sont une admirable façon de respirer, de poser le son, d'articuler, de terminer une phrase musicale, dont ses points d'orgue, d'un goût parfait, sont toujours la conclusion logique; enfin une vocalisation si merveilleuse qu'on ne saurait rien imaginer au delà. Tout cela, Mme *Carvalho l'a acquis par un travail énergique, persévérant et mé-*

thodique ; et c'est ainsi que l'incomparable artiste a pu, seule de son temps, atteindre les sommets de la perfection idéale.

Mais nous venons trop tard pour apprécier un talent sur lequel des maîtres dans la critique ou dans l'art de bien dire ont épuisé toutes les formules de l'éloge, et que le public a consacré par un fervent et durable enthousiasme.

Notre tâche est plus modeste. Nous voulons, prenant l'artiste à ses débuts, encore enfant et déjà grande par le mérite, passer en revue sa brillante carrière de succès, en reliant, par un récit rapide, les témoignages d'admiration qui lui ont été rendus par les écrivains les plus éminents.

> On fait bien de répéter
> Ce qu'on ne saurait mieux dire.

Notre principal souci sera d'être aussi exact, aussi complet qu'il est possible, et d'emprunter nos citations aux critiques qui paraissent avoir le mieux caractérisé la série de victoires qui composent la carrière artistique de Mme Carvalho.

Que l'on n'aille pas croire qu'en publiant cette étude rétrospective, notre but est seulement de rendre à l'éminente cantatrice un respectueux hommage, et de remettre sous les yeux du public le tribut de tant

AVANT-PROPOS

d'admirateurs éclairés. Que l'on ne suppose pas non plus que nous avons voulu seulement donner au lecteur et à nous-même la satisfaction de goûter encore, par le souvenir, ces plaisirs délicats que n'a jamais émoussés la satiété, ces heures délicieuses qui sont une des bonnes parts de notre existence.

A dire vrai, il y a un peu de tout cela dans notre entreprise, mais nous tendons aussi vers une fin plus élevée, plus digne même de celle à qui ces pages sont consacrées.

Nous voudrions que le récit de cette vie, que l'art a remplie tout entière, fût un exemple à ceux qui veulent en gravir les altitudes périlleuses.

Nous serions heureux que ces jeunes filles et ces jeunes hommes, qui viennent chaque année grossir le nombre des chanteurs français, apprissent de Mme Carvalho le respect des maîtres, du public et de soi-même, qu'ils apprissent encore à ne chercher le succès que dans le travail opiniâtre et à ne croire rien acquis tant qu'il reste à acquérir, ce qui est le propre des véritables artistes, ou de ceux qui sont dignes de le devenir : car des autres nous n'avons point à nous préoccuper.

Si ce grand exemple pouvait prévenir ou guérir l'infatuation de quelques-uns, nous nous croirions trop payé de ce travail, tout en en rapportant le mérite à celle qui l'a inspiré, et qui justifie cette belle *parole :* « L'interprète de génie est créateur comme le poète. »

E.-A. Spoll.

Nous avons divisé ce travail en trois périodes :

La *première* commence à la sortie du Conservatoire et se poursuit jusqu'à la rupture avec l'Opéra-Comique ;

La *deuxième* comprend le séjour au Théâtre-Lyrique ;

La *troisième* enfin part de la première entrée à l'Opéra, et se termine à la rentrée définitive à l'Opéra-Comique, berceau des premiers succès de Mme Carvalho.

MADAME CARVALHO

PREMIÈRE PÉRIODE

Madame Carvalho est comme les peuples heureux, elle n'a pas d'histoire ; sa biographie, c'est la suite non interrompue de ses succès. Les Romaines gardaient la maison et filaient de la laine ; Mme Carvalho a filé des sons.

Caroline-Marie Félix-Miolan, pour m'exprimer comme les dictionnaires, est née à Marseille. Son père, François Félix-Miolan, avait été chef de musique d'un régiment des grenadiers de la garde ; il fut aussi hautbois à l'Opéra et professeur au Conservatoire.

Cependant il quitta Paris pour venir s'établir à Marseille, où il parvint à se créer une situation très honorable et où il avait commencé l'éducation musicale de ses trois enfants, Amédée, Alexandre et la jeune Caroline. « Celle-ci, dit M. Arthur Pougin, à qui nous empruntons ces détails, faisait entrevoir des dispositions tout exceptionnelles, et son père s'en montrait enchanté, lorsqu'il mourut dans la force de l'âge, laissant les siens sans appui. Mme Miolan, qui semblait comprendre l'avenir réservé à sa fille, suivit les conseils de quelques amis, et se décida à revenir se fixer à Paris avec sa jeune famille. »

Déjà excellente musicienne, et après avoir étudié sérieusement le chant, Mlle Félix-Miolan fut admise au Conservatoire dans la classe de Duprez. Elle en sortit au mois de juillet 1847 avec le premier prix de chant, qu'elle partageait avec Mlle Rouaux, une élève de Mme Damoreau[1]. Son morceau

---

[1]. Mlle Rouaux, après avoir perdu la voix, devint Mme Huré et se voua à l'enseignement du chant. Elle est mère d'une charmante fille qui va bientôt débuter au théâtre de la Monnaie.

de concours était l'air d'Isabelle de *Robert le Diable*. C'était la première fois que Mlle Miolan concourait. Son coup d'essai fut un coup de maître.

En 1848, la jeune lauréate voulut se familiariser avec le public avant d'aborder la scène. Elle chanta dans plusieurs concerts, préludant par de modestes succès à ses prochains triomphes.

L'année suivante on s'occupait déjà beaucoup de la nouvelle cantatrice. Elle se fait entendre dans une soirée donnée par Mme Perrée, femme du directeur du *Siècle*, et son précoce talent émerveille les auditeurs.

Mlle Félix-Miolan (dit *le Ménestrel*) occupe en ce moment dans le monde musical une position neutre. Elle n'est plus des concerts, sans être encore du théâtre, bien qu'elle répète chaque jour le nouvel opéra de MM. Adam et Scribe. C'est pour l'instant un écrin mystérieux, dont quelques perles viennent briller par occasion dans nos soirées. L'air de *la Somnambule,* chanté par Mlle Miolan avec un rare talent et une expression sympathique plus rare encore, promet à l'Opéra-Comique un nouveau fleuron venant prendre place entre Mme Ugalde et Mlle Darcier, et procédant de l'une et de l'autre, mais avec un caractère spécial qui la rendra une redoutable concurrente.

Peu de temps après, Mlle Miolan se produisait chez son maître, Duprez, le 9 décembre 1849, et voici comment le même journal rendait compte de cette audition :

Jeudi dernier, Duprez faisait entendre en audition son élève de prédilection, Mlle Félix-Miolan. Entre autres auditeurs, Meyerbeer écoutait dans l'ombre, et la débutante essayait sa voix dans le rôle d'Isabelle de *Robert*. Nous ne dirons point la surprise générale, ni le succès de cette audition. Que Mlle Félix-Miolan sache seulement que l'auteur du *Prophète* a été *complètement satisfait*. C'est là une opinion qui, seule, peut fixer tout un avenir, et cet avenir, nous le souhaitons à Mlle Miolan tel que le mérite son délicieux talent.

Si jamais souhait fut bien exaucé, ce fut celui-là.

Il est vrai d'ajouter que Mme Carvalho a toujours mis en pratique le vieil adage :

« Aide-toi, le Ciel t'aidera. » Elle travaillait beaucoup, et sa seule ambition, à ce moment, était de se rendre digne d'un engagement sérieux.

A la représentation de retraite de son professeur, qui eut lieu à l'Opéra le 14 décembre, on fit quelques difficultés pour admettre Mlle Miolan sur le programme. Mais Duprez, qui savait ce que valait son élève, et ne perdait jamais une occasion de la faire valoir, insista, et l'on dut céder à son désir.

Mlle Miolan chanta le rôle d'Eudoxie dans le trio de *la Juive* et le premier acte de *Lucie,* qui lui valut un rappel enthousiaste et son engagement immédiat à l'Opéra-Comique.

Deux jours après, elle chanta dans un des concerts si appréciés du *Ménestrel.* Un des rédacteurs du journal rendit compte en ces termes de l'impression produite par la jeune cantatrice :

Nous avons à signaler l'air de *Lucie* par Mlle Félix-Miolan. Cet air, chanté par elle à la représentation de retraite de Duprez, lui a valu immédiatement son engagement à l'Opéra-Comique, où elle débutera cet hiver dans le nouvel ouvrage de MM. Scribe et Adam (*Giralda*). C'était une bonne fortune pour les abonnés du *Ménestrel* que d'entendre Mlle Miolan avant son entrée à l'Opéra-Comique ; aussi lui a-t-on fait les honneurs du rappel qu'elle avait, deux jours avant, si brillamment mérité à l'Opéra.

Mlle Miolan fit ensuite une tournée de quelques jours dans l'ouest de la France, au Mans, à Laval, à Rennes et à Saint-Malo, où elle recueillit une ample moisson d'applaudissements.

Depuis le 10 janvier 1850, la jeune cantatrice appartenait à l'Opéra-Comique. Le grand jour approchait. Ce fut le 29 avril que Mlle Miolan parut pour ainsi dire à l'improviste sur la scène du théâtre Favart, dans le rôle d'Henriette de *l'Ambassadrice*.

La jeune artiste devait débuter par une création, la *Giralda* de Scribe et Adolphe Adam, mais les exigences du répertoire en décidèrent autrement. Les deux auteurs avaient reculé devant l'approche de l'été, ne se doutant pas que leur pauvre et charmante *Giralda* verrait néanmoins le jour en plein mois de juillet.

Il n'y avait guère à cette époque que les journaux spéciaux qui s'occupassent des débuts, simplement mentionnés dans les autres feuilles. Aussi prendrons-nous encore au journal de M. Heugel le compte rendu de cette représentation.

Le succès de Mlle Félix-Miolan dans le rôle d'Henriette a été complet et tel qu'on pouvait l'attendre de cette jeune et déjà remarquable cantatrice. Verve, vocalisation brillante, unies à une expression profonde et à cet art des nuances qui captive, voilà les qualités que la débutante a déployées dès la première soirée ; aussi, dès cette soirée, le public a ratifié par ses bravos la précieuse acquisition de M. Perrin. Visiblement émue d'abord, Mlle Miolan a repris peu à peu toute son assurance, et sa belle voix de soprano, se lançant avec vigueur à travers les traits les plus hardis, les notes les plus inabordables, a fasciné les auditeurs et complété son triomphe. Elle a chanté d'une façon ravissante son grand air de bravoure et dit avec beaucoup de grâce et de suavité les couplets : *Adieu vous dis, Monseigneur ;* aussi la salle entière, fixée sur la valeur de cette charmante élève de Duprez, l'a-t-elle rappelée à grands cris après la chute du rideau.

Nous empruntons à *l'Entr'acte* notre seconde citation.

Mlle Miolan est l'élève de Duprez. C'est ce puissant et dramatique chanteur qui a formé cette chanteuse légère, et façonné cette voix limpide aux plus redoutables difficultés de la vocalisation.
Nous retrouvons chez Mlle Miolan ce grand art des nuances, cette expression pénétrante, qui est un des secrets précieux de l'éminent professeur. Le sentiment le plus profond, uni au travail le plus intelligent et le plus exquis, pouvait seul donner tant de valeur à des tours de force vocaux et nous faire trouver l'émotion dans les roulades. Mlle Miolan, aux qualités que l'étude et le travail font acquérir, joint toutes celles qu'on n'acquiert pas.

Cela est assurément bien pensé et bien dit. On ne pouvait formuler un jugement plus juste sur la débutante, qui d'un bond dépassait ses devancières dans le rôle d'Henriette : Mmes Damoreau, Lavoye et Ugalde.

Mlle Félix-Miolan avait du coup justifié toutes les prévisions les plus optimistes ; cependant, c'était sur le théâtre un concert de critiques. On lui cherchait querelle sur son jeu, sur son maintien ; on fit la guerre à ses gestes, jusqu'aux façons dont elle posait le pied. Enfin, à son grand chagrin, et malgré Adam qui avait écrit son opéra pour elle, M. Scribe et M. Perrin, d'un commun accord, lui retirèrent le rôle de Giralda pour le confier à une autre artiste.

Nouvelle difficulté : le rôle était écrit trop haut pour cette dernière, et Adam, qui regrettait Mlle Miolan, se refusait à faire des changements à sa partition.

Sur ces entrefaites, le 22 mai, la jeune pensionnaire de M. Perrin avait repris de Mme Ugalde le rôle de Virginie dans *le Caïd*, qu'elle chanta d'une façon ravissante.

Un soir que le directeur et M. Scribe assistaient à la représentation, ce dernier fut frappé de l'intelligence avec laquelle Mlle Miolan s'acquittait d'un rôle dont le comique un peu gros n'est cependant pas dans sa nature.

« Mais elle ne joue pas mal, cette petite, s'écria Scribe. Rendons-lui le rôle de *Giralda*. »

A la sortie du théâtre, la jeune artiste fut toute surprise de recevoir un bulletin de répétition pour le lendemain. Elle alla tout de suite trouver son directeur.

« Il doit y avoir erreur, Monsieur, lui dit-elle en tendant son bulletin.

— Non, Mademoiselle, fit M. Perrin de son petit air sec, l'Administration ne se trompe jamais ; il n'y a pas d'erreur. »

Ce fut ainsi que Mlle Miolan rentra en possession de son rôle de Giralda, dans lequel elle obtint un double succès de cantatrice et de comédienne le 20 juillet 1850.

> Mlle Miolan (dit *le Ménestrel*) chante la musique de M. Adam avec âme et talent, en même temps qu'elle représente la Giralda de M. Scribe avec beaucoup de grâce et de sensibilité. Mlle Miolan sera la Persiani de Favart.

Qu'à propos de *Giralda* on nous permette un souvenir personnel. Nous assistions à l'une des premières représentations de cet opéra, dans la loge de Mme Cornélie Falcon, dont la gloire a tracé un si éclatant sillon dans l'histoire de l'art.

« Voyez-vous, nous dit-elle, cette petite fille ? Eh bien, retenez ce que je vous dis, elle est avec l'Alboni la première chanteuse de l'Europe. »

On sait comment Mme Carvalho a justifié l'horoscope de son illustre devancière.

Le farouche Berlioz consacre quelques lignes à la débutante :

> Mlle Miolan donne beaucoup de gentillesse à la physionomie de Giralda ; mais sa jeune voix est bien faible, et l'on n'en goûte bien tout le charme que dans les moments où l'orchestre observe un silence à peu près complet.

Théophile Gautier, qui a dit un jour : « La musique c'est le plus cher des bruits », ne fut pourtant point insensible au talent de la nouvelle pensionnaire de l'Opéra-Comique :

> Une brillante vocalisation, très bien rendue par Mlle Giralda-Miolan, termine heureusement cette nouvelle partition de l'auteur du *Chalet*.

Halévy, un maître dans l'art d'écrire, comme en celui de composer, parle ainsi de la débutante :

Mlle Félix-Miolan s'est révélée tout entière dans le rôle de Giralda. Le troisième acte s'ouvre par un air brillant que la chanteuse a admirablement exécuté.

Ne remarquez-vous pas que ce nom de Félix porte bonheur ? La voix de Mlle Félix est un soprano élevé : elle aime à planer au sommet de l'échelle musicale, et, comme un aéronaute intrépide, elle se plaît au plus haut du ciel. Les applaudissements l'y suivent. Il y a dans cet air un charmant dialogue de hautbois avec la voix. C'est le village, c'est le pays natal qui parle au cœur de Giralda, transportée malgré elle au milieu de la cour. La rentrée du motif principal, ainsi amenée par ces gracieuses cantilènes du hautbois, se fait d'une manière ingénieuse et tout à fait neuve, au moyen de modulations rapprochées et cependant très douces et très agréables.

A Versailles, alors ville de dilettanti, Mlle Miolan vint chanter *Giralda*. Nous ne savons si elle a conservé le souvenir de cette soirée, où l'enthousiasme de ses auditeurs prit les proportions du délire, après l'air en échos, qu'un jeune artiste, M. Talon, accompagna fort bien sur le hautbois. L'orchestre tout entier se leva pour l'applaudir, pendant que la salle croulait sous les bravos. Mlle Miolan saluait, fort émue de cette manifestation. Elle en a vu bien d'autres depuis !

Après, au mois de juin 1851, vint le rôle de Késie dans *le Calife de Bagdad,* où elle succédait également à Mme Ugalde. Son succès ne fut pas moins grand que dans *le Caïd,* et de nombreux bravos accueillirent son grand air, qu'elle chantait merveilleusement bien.

Puis, le mois suivant, elle recevait de Mlle Lefebvre le rôle de la *Chanteuse voilée,* dont elle s'acquittait de manière à faire dire à un critique autorisé : « Mlle Miolan est le plus vaillant soutien du répertoire à l'Opéra-Comique. »

Deux mois après on confiait le rôle d'Argentine de *l'Eau merveilleuse* à l'infatigable cantatrice, et elle s'y montrait aussi piquante comédienne que chanteuse séduisante. Elle n'obtenait pas moins de succès, la même année, dans *les Voitures versées*. Chaque bataille était pour la jeune pensionnaire de Favart un triomphe nouveau.

L'année suivante, le 20 février, elle eut une nouvelle création, le rôle de Mésangère, dans *le Carillonneur de Bruges*. Elle avait à lutter avec l'intérêt et la curiosité qu'inspirait une nouvelle débutante, Mlle Wertheimber, premier prix du Conservatoire en 1851, élève de Bordogni, et que sa belle voix de mezzo soprano rendait une concurrente redoutable.

Le succès de cette dernière ne porta nulle atteinte à celui de Mlle Miolan.

> Il n'y a dans cette pièce (dit M. Félix Clément) qu'un personnage sympathique, c'est celui d'une petite chanteuse nommée Mésangère, dont Mlle Félix-Miolan a fait une de ses créations les plus charmantes.

De son côté, M. Jules Lovy consacrait les lignes suivantes à l'interprétation du nouvel opéra de Grisar :

> Mésangère a été divinement interprétée par

Mlle Félix-Miolan, à qui reviennent, en quelque sorte, les honneurs de la soirée pour la manière leste, accorte, dégagée, dont elle accentue l'aimable caractère de la petite chanteuse, et pour la hardiesse toujours heureuse avec laquelle elle lance ses fusées de vocalises.

Au mois de juillet de la même année eut lieu la reprise d'*Actéon*. Mlle Miolan y remporta tous les suffrages des gens de goût. On fit une véritable ovation au fabliau, merveilleuse dentelle de triples croches, dont la vocalisation de la cantatrice suivait avec tant de pureté l'harmonieux dessin.

M. Viel, dans *le Ménestrel*, s'exprimait ainsi sur l'interprétation nouvelle du joli rôle de Lucrezia :

Mlle Miolan a été, cela va sans dire, l'héroïne, la reine de la soirée : reine fêtée, applaudie, et dont le triomphe a commencé aux premières notes pour ne finir qu'au baisser du rideau. Mlle Miolan est une cantatrice d'un goût, d'une finesse et d'un charme exquis. Depuis Mme Damoreau je doute que le rôle de Lucrezia ait été dit avec une telle perfection; sans faire de tort à Mlle Lavoye, qui, si je ne me trompe, jouait l'ouvrage aux environs du mois de mai 1847.

Quelques jours après, reprise de *la Sirène* et nouveau triomphe pour le compositeur et son aimable interprète. Cette fois M. Heugel tient à lui donner lui-même l'expression de son admiration.

Mlle Félix-Miolan vient de se montrer dans *la Sirène* au lendemain de son succès d'*Actéon*. Nous avions bien raison de dire en parlant de cette frêle voix, aujourd'hui si chère à toutes les fibres bien nées :

> Quand Dieu le veut, le chêne brise,
> Et le roseau reste debout.

Ne voyons-nous pas, en effet, Mlle Miolan constamment sur la brèche, défiant ses robustes rivales, et se faisant, à l'image de Mme Cinti-Damoreau, son illustre modèle, comme une inaltérable couronne de ses fraîches et délicates fioritures? On en reviendra de toutes nos excentricités vocales modernes, et tant que vivra la musique d'Auber, nos gosiers de rossignol auront toujours un port assuré contre le mauvais goût et la mauvaise musique. Avons-nous besoin d'ajouter que, sous les traits et la voix de Mlle Félix-Miolan, la *Sirène* a justifié son titre une fois de plus?

Le 4 novembre, nouvelle création dans *les Mystères d'Udolphe*, ouvrage dont le poème fit tort à la musique. S'il avait pu être sauvé, c'eût été par le talent de Mlle Miolan.

Dans la *Revue des Deux Mondes*, le sévère Scudo, un élève de Choron comme Duprez, donna l'investiture à la jeune et déjà célèbre cantatrice.

Il y a beaucoup de talent dans la musique de cet ouvrage malheureux, dans lequel Mlle Miolan a prouvé qu'elle est une des meilleures cantatrices que nous ayons à Paris.

De son côté, M. Viel s'exprimait ainsi :

Le rôle de Christine avait à son service le jeu fin et le gosier délicat de Mlle Miolan ; on croyait Mlle Miolan particulièrement susceptible de faire des roulades, elle a prouvé que le chant soutenu et le style expressif ne lui étaient pas moins familiers. Après son air, Mlle Miolan a obtenu une ovation d'autant plus flatteuse qu'elle était moins préparée; toute la salle a éclaté en applaudissements comme par une commotion électrique, mais pas un seul bouquet n'est tombé aux pieds de la cantatrice.

Malgré tous ces succès vaillamment remportés, la direction de l'Opéra-Comique ne confiait qu'à regret des créations à l'excellente artiste.

C'est ainsi que *les Noces de Jeannette,* dont le rôle ne lui était pas destiné, lui furent données, pour ainsi dire, par ricochet.

Aux répétitions, Mlle Miolan, s'apercevant que le rôle de Jeannette ne comprenait que des airs de peu d'importance, suggéra aux auteurs l'idée d'un morceau brillant qui fît valoir ses qualités de vocaliste. C'est alors que furent intercalés la scène et l'air du rossignol, qui décidèrent de l'immense succès de la pièce.

En effet, le 4 février apporta à Mlle Miolan la consécration définitive du public parisien. *Les Noces de Jeannette* furent pour elle un véritable triomphe.

Les Noces de Jeannette (dit Scudo) sont fort bien *jouées* par M. Couderc et Mlle Miolan, qui chante comme un ange.

Berlioz, toujours sur les hauteurs, laisse tomber quelques éloges sur la partition des *Noces de Jeannette*, et surtout sur les interprètes :

Couderc et Mlle Miolan ont rendu ces deux rôles avec un talent remarquable. Mlle Miolan met dans le sien beaucoup de grâce et une dignité douce ; elle le chante d'ailleurs avec sa petite voix en fauvette *di cartello*. Leur succès à l'un et à l'autre a été complet.

Jules Lovy apprécie très justement le nouveau succès de chanteuse et de comédienne de Mlle Miolan :

Mlle Félix-Miolan porte presque en entier le poids de la partition. Son contingent vocal est de sept ou huit morceaux, dont l'importance va *crescendo* et parmi lesquels nous signalerons les couplets d'entrée, un joli duo, des couplets fort gracieux en mouvement de mazourque, coupés par une touchante prière, et le duo de la table : *Je sens mon cœur tressaillir d'aise* ; mais deux morceaux ont surtout enlevé les suffrages, excité l'enthousiasme de la salle entière : c'est la romance de l'*Aiguille*, dite avec une adorable expression par Jeannette pendant qu'elle répare l'habit de Jean, puis une grande fantaisie pastorale, un casse-cou de vocalisation, enfin ce qu'on appelle fort improprement une lutte avec le rossignol. Dans cet air de bravoure, Mlle Félix-Miolan a fait des prodiges de goût, de style et d'agilité. Elle a détaché la note, elle a frappé le trille mieux que ne ferait la meilleure flûte de l'orchestre.

Théophile Gautier, qui n'était pas, comme on sait, un enthousiaste de musique, ne put s'empêcher de rendre justice aux qualités déployées par la créatrice de ce joli rôle.

Nous aimons (dit-il) l'air à vocalises chanté par Mlle Miolan, mais il nous a paru long, malgré la manière dont il est rendu par le talent si pur, si correct et si distingué de la jeune cantatrice.

La vérité est que l'air est long, mais il ne nous a jamais paru tel, chanté par Mme Carvalho.

Le Nabab de F. Halévy, donné le 1er septembre de la même année, ne fut pas aussi heureusement accueilli; mais la critique fit la part des chanteurs, et, comme toujours, Mlle Miolan fut particulièrement louée.

Mme Miolan (dit Jules Lovy) a été d'une délicieuse naïveté dans le rôle de Dora, et comme cantatrice elle défie tous les éloges. Il est impossible d'unir plus de goût et de style aux prodiges de la vocalisation. C'est elle qui a eu les honneurs de la soirée, et tout le monde a pu remarquer avec quelle modestie elle se dérobait aux ovations publiques.

Dans la *Revue des Deux Mondes*, Gustave Planche, quittant pour un jour la critique littéraire, s'écrie enthousiasmé :

Quant à Mlle Miolan, elle a réuni tous les suffrages par la grâce et la hardiesse de ses vocalises.

Cette même année 1853, Mlle Félix-Miolan épousa M. Léon Carvalho, comme elle pensionnaire de l'Opéra-Comique, dont il est aujourd'hui l'éminent directeur.

Le 17 mars 1854 eut lieu la soirée d'ouverture de l'école spéciale de chant fondée et dirigée par G. Duprez.

Mme Carvalho, voulant donner une preuve de gratitude à son excellent professeur, s'y fit entendre deux fois, d'abord dans le duo des *Noces de Figaro,* qu'elle chanta avec

Caroline Duprez, un régal pour les raffinés, puis dans la cavatine de *la Somnambule,* si merveilleusement exécutée par la jeune et grande artiste que son succès, qui se doublait d'un entourage de célébrités, se changea en une véritable ovation.

Duprez fut bien heureux ce soir-là, car il jouissait du double succès de sa fille et de son élève préférée.

Cependant une reprise solennelle du *Pré aux Clercs* avait été décidée ; mais, comme toujours, on pensa d'abord à une autre cantatrice pour le rôle d'Isabelle. Mme Vandenheuvel-Duprez en fut chargée, mais le grand air du second acte se trouva trop haut pour elle. On ne pouvait le baisser. On écrivit à Mme Carvalho, qui était aux bains de mer de Boulogne. L'artiste répondit qu'elle savait le rôle et qu'elle était prête à le chanter. Quelques jours après elle était de retour à Paris.

La reprise du *Pré aux Clercs,* qui eut lieu le 16 septembre 1854, est une date dans la carrière artistique de Mme Carvalho. Elle est, en effet, la véritable créatrice du rôle d'Isabelle, dont Mme Casimir, douée d'un organe exceptionnel, excellente dans les vocalises du second acte, avait laissé dans la pénombre les côtés poétiques. On n'a jamais dit, on ne dira peut-être jamais la romance du premier acte avec ce style, cette adorable simplicité, qui furent une révélation pour le directeur plus encore que pour le public.

Mme Carvalho faisait, après une absence de quelques mois, sa rentrée à l'Opéra-Comique dans le rôle d'Isabelle. On était curieux de savoir comment l'habile cantatrice se tirerait d'une partie écrite pour un genre de voix si différent du sien. L'inquiétude, s'il y en eut, ne fut pas de longue durée.

Quels trésors de grâce et de sentiment (s'écrie M. Viel, justement enthousiasmé), quelle correction, quelle légèreté, quel style, notre ravissante fauvette a déployés dans sa romance et dans sa cavatine ! Ajoutons que, loin de lui être défavorable, le repos forcé qui l'a pendant plusieurs mois éloignée de la scène semble avoir donné je ne sais quel accent plus sonore et plus argentin à son timbre toujours si frais et si pur.

A propos de cette reprise, pour laquelle il

déploya toutes les ressources de son style à facettes, J. Janin, le prince des critiques, s'improvisa critique musical. Écoutons-le faire l'éloge d'Isabelle. Il ne s'en tire pas mal pour un début :

> Isabelle est un rôle qui revenait de droit à Mme Miolan, et la jeune femme a donné au rôle d'Isabelle une grâce, un sens, un accent dont ne se sont pas doutées les cantatrices qui l'ont chanté avant elle. A l'entendre, on dirait une de ces créatures mises au monde exprès pour chanter, et pour bien chanter, et comme il faut réellement qu'elle ait travaillé pour chanter ainsi si simplement, si doucement, sans peine et sans travail, au contraire avec tant de joie et de bonheur! Sa voix est sympathique et légère à l'avenant; elle chante avec un goût, une assurance, un esprit dignes des meilleurs jours de Mme Damoreau elle-même. Elle joue avec un grand charme, et plus d'une fois, en l'entendant *parler* une scène, on se prend à regretter que cette élégante chanteuse ne soit pas tout simplement une comédienne.

On admettra qu'en cette matière le prince des critiques s'y connaissait un peu.

Sous cette poussée de l'opinion, M. Perrin déchira le traité qui assurait à Mme Carvalho *mille francs par mois*, et porta ses appointements à trente mille francs.

Fiorentino photographie avec son esprit habituel cette mémorable soirée. Parlant de Mme Carvalho :

Sa voix (dit-il) s'est fortifiée d'une manière sensible, et a gagné en pureté et en éclat. Quant à la méthode, au style, à l'agilité et à la richesse de sa vocalisation prodigieuse, on sait que Mme Miolan n'a point de rivale. Elle a brodé son grand air : *O jour d'innocence!* de fioritures et d'ornements d'une délicatesse et d'une suavité inouïes ; elle a tenu et filé des sons d'une justesse, d'une égalité, d'une ténuité désespérantes, d'une limpidité de cristal, d'une pureté d'harmonica. L'accueil qu'elle a reçu est une ovation et un applaudissement continuels, qui ont duré sans aucune interruption tout le temps qu'elle est restée en scène, et, après la chute du rideau, avec un tel redoublement qu'elle a été forcée de reparaître. Une jeune et jolie dame, placée à la première galerie, au-dessous de notre loge, dans un transport d'admiration sincère, lui a lancé son bouquet. C'était un vrai bouquet, je vous assure, et l'artiste l'a ramassé avec une modestie touchante et en rougissant jusqu'au blanc des yeux.

Cette reprise, dit enfin un critique bien compétent, M. Arthur Pougin, mit le sceau à sa réputation par la façon incomparable dont elle chantait la romance du premier acte et le grand air du second.

Le printemps de 1855 apportait à Mme Miolan-Carvalho une nouvelle création. Le 11 avril, elle aborda le rôle difficile de Célimène, dans *la Cour de Célimène,* de M. Ambroise Thomas. Jamais la musique si fine et si distinguée du maître n'avait trouvé une interprète qui en comprît mieux toutes les délicates ciselures. Les couplets de la *Fleur* et du *Baiser* furent détaillés par elle avec un charme exquis, de même qu'elle chanta magistralement le bel air en *la bémol* par lequel s'ouvre le deuxième acte.

Mme Miolan (dit Fiorentino dans *le Moniteur*) joue le rôle de coquette avec plus de charme que de malice, plus de sensibilité que de légèreté, plus de grâce que de finesse. Ce n'est pas une Célimène à coup sûr, mais c'est une bien délicieuse femme, et digne d'inspirer sérieusement les passions dont elle se joue. Il faut lui entendre dire les couplets du *Baiser*; jamais plus de distinction ne s'est alliée à plus de simplicité et de naturel. Comme chanteuse, il y a longtemps que nous n'avons plus de compliments à lui faire, elle doit être blasée sur les éloges.

Cette partition, qui avait pour elle la grâce, la fraîcheur et la distinction des motifs, la suavité du chant, convenait admirablement à Mme Carvalho dont le talent si délié devait bien comprendre les délicates inspirations du maître.

Le poème, qui manquait de situations et d'effets scéniques, entraîna la partition, et c'est grand dommage, car elle est une des meilleures de M. Ambroise Thomas. Le couplet du *Baiser*, seul, était une perle inestimable, divinement enchâssée par une merveilleuse artiste.

DEUXIÈME PÉRIODE

Sur ces entrefaites, M. Perrin, pris à court pour une reprise des *Diamants de la Couronne*, exigea de sa pensionnaire qu'elle apprît et chantât le rôle en huit jours.

Toujours soucieuse de sa dignité d'artiste, Mme Carvalho se refusa à accomplir un tour de force impossible, et préféra voir déchirer un traité qui l'attachait pour longtemps encore à l'Opéra-Comique.

Redevenue libre, la cantatrice fit une saison à Berlin, où son succès fut très grand, puis accepta les propositions de M. Pellegrin, qui l'engagea au Théâtre-Lyrique pour créer *la Fanchonnette*, primitivement destinée à Mme Cabel. Entre temps, M. Carvalho venait de succéder à M. Pellegrin dans la direction de ce théâtre.

La première représentation de l'opéra de Clapisson eut lieu le 1er mars 1856.

L'événement de la soirée (dit Scudo), c'était l'apparition de Mme Miolan-Carvalho. On pouvait craindre qu'un talent aussi fin et de si bon aloi ne fût point apprécié par un public qui venait de perdre Mme Cabel, une vraie lune de Landerneau. Eh bien ! ces tristes prévisions ne se sont pas réalisées, et si monsieur le directeur de l'Opéra-Comique a eu tort de laisser sortir de sa cage un oiseau si bien appris, Mme Miolan-Carvalho a eu raison de changer de climat. Sa voix de soprano aigu, qui est aussi grêle que sa personne, est coupée en deux tronçons par une petite lande de trois ou quatre notes pâteuses ; mais cette voix est d'une flexibilité prodigieuse, où l'art a au moins autant de part que la nature. Mme Miolan-Carvalho est du très petit nombre de cantatrices modernes qui ont du style et qui savent, comme Mme Frezzolini au Théâtre-Italien, Mlle Duprez à l'Opéra-Comique, imprimer à la phrase musicale une fermeté et lui donner un horizon qui enchante l'oreille.

M. Félix Clément attribue à la cantatrice le succès de la pièce ; il n'a pas tort, car le rôle de Fanchonnette est de ceux qu'on n'osera plus aborder :

> Ce qui a fait surtout réussir la pièce, c'est la musique et l'interprétation merveilleuse de Mme Miolan-Carvalho. C'est dans le rôle de la Fanchonnette qu'elle a montré le talent le plus souple, le plus fin comme actrice, et sa vocalisation la plus correcte et la plus brillante.

Mais il y avait dans cette nouvelle création autre chose que d'étourdissantes vocalises.

> Le rôle de Fanchonnette (dit M. Jouvin) servait de début, à ce théâtre, à Mme Miolan-Carvalho. Tout est dit, et depuis longtemps, sur le grand style de cette virtuose. Je l'ai retrouvé aussi parfait, aussi pur que par le passé, dans l'exécution de la chanson du premier acte... Le chant à *mezza voce*, les traits fins et délicats, le contour harmonieux de la période, la chute originale et inattendue d'un point d'orgue, là est tout entière la supériorité de Mme Miolan... Mme Miolan doit tout à son style et rien qu'à son style.

De son côté, Darthenay, qui n'avait pas besoin de faire appel à sa proverbiale bienveillance, écrit au sortir de la représentation :

Mme Miolan-Carvalho a été merveilleuse dans le rôle de la Fanchonnette; il n'est pas possible de vocaliser avec plus d'audace et de correction. Elle a dit tous ses morceaux avec un style qui n'appartient qu'à elle. Son grand air du troisième acte a excité l'admiration de tout l'auditoire. Depuis Mme Damoreau on n'a pas chanté l'opéra-comique avec plus de perfection. Elle a, du reste, les honneurs de la partition nouvelle; elle est presque toujours en scène, elle a cinq ou six morceaux dans chaque acte, et elle vous éblouit par des grâces ou des hardiesses toujours nouvelles. La pièce a été, pour cette éminente cantatrice, un continuel triomphe.

La même année, Mme Carvalho fut engagée, pendant la saison de Londres, pour chanter au théâtre italien de Covent-Garden, puis à Bruxelles, au théâtre de la Monnaie, où elle obtint un brillant succès dans *les Diamants de la Couronne.*

Avec *la Reine Topaze* de Victor Massé, nous arrivons à la plus éclatante des victoires jusque-là remportées par Mme Carvalho. Le compositeur lui portait bonheur ; *les Noces de Jeannette* avaient grandi sa réputation, *la Reine Topaze* allait y mettre le comble. Grand style, prodigieuse virtuosité, Mme Carvalho déploya dans ce rôle effrayant des ressources inattendues même de sa part. Son succès fut immense (27 décembre 1856).

Scudo, qui avait toujours une critique à formuler, n'en put trouver qu'une : c'était trop parfait. Laissons-lui la parole.

Mme Carvalho possède (dit-il) deux qualités qu'on trouve rarement réunies dans le même talent : une flexibilité merveilleuse et du style quand elle chante la musique des maîtres. Mme Carvalho, Mme Frezzolini, Mme Duprez-Vandenheuvel, sont les trois seules cantatrices de Paris qui connaissent cet art de phraser, qui est pour l'oreille ce que l'horizon est pour la vue. Comme il faut que la critique ait toujours son petit mot à dire sur toutes les choses de ce monde, nous ferons à Mme Carvalho une observation. Dans ces mille broderies vocales qu'elle dessine si délicatement sur le thème du *Carnaval de Venise*, la cantatrice ne dépasse-t-elle pas le but ? Est-il prudent de laisser apercevoir aux indiscrets qu'on leur donne tout ce qu'on a, et que la plus belle fille du monde ne peut pas donner davantage? C'est plus qu'une témérité de tarir par des prodigalités folles la source du désir. A part ces petites chicanes de puriste, Mme Carvalho mérite certainement qu'on aille l'entendre dans *la Reine Topaze* dont elle fait la moitié du succès.

C'était au milieu de la fête donnée par le vaniteux Annibal dans son palais, copié sur le tableau des *Noces de Cana,* de Paul Véronèse, que Mme Carvalho chantait ces variations, qui feront le désespoir éternel des cantatrices, opposant avec un art infini ses notes du médium à celles du registre supérieur.

La curiosité et l'attrait de *la Reine Topaze* (dit M. B. Jouvin), indépendamment de la musique, de la pièce et du spectacle, ce sont les variations vocales sur le thème du *Carnaval de Venise,* exécutées par Mme Miolan. Cette prodigieuse exécution allie à la fermeté, à la sûreté de l'archet de Paganini, franchissant d'un bond les plus larges intervalles du grave à l'aigu, la légèreté ailée des mains de Chopin effleurant les touches du clavier. Comme style, audace, aisance de vocalisation, justesse d'attaque irréprochable, art des nuances, savante opposition des timbres de la voix, cela est merveilleux et peut être comparé, sans exagération, aux prouesses en ce genre des grandes virtuoses dont le théâtre, en France, gardera le souvenir : Catalani, Fodor, Persiani, Sontag, Alboni...

On doit citer, après ces variations, les couplets à demi-voix que dit Mme Miolan à son entrée en scène et dont le motif, heureusement ramené, sert de conclusion à l'ouvrage. Ce chant, qu'on croirait arpégé sur la harpe éolienne, a un charme vaporeux et une grande suavité de contour.

La cantatrice a également enlevé au bruit des applaudissements frénétiques le boléro enchâssé dans le finale du premier acte. Comme sûreté, énergie, et surtout volonté d'exécution, on ne saurait désirer rien de plus.

C'est au tour de M. Jules Lovy à s'extasier :

Voici le grand prodige de la soirée, le colossal tour de force que tout le monde attendait et que tout le monde voudra entendre : les variations de Paganini (*le Carnaval de Venise*) transcrites pour le gosier de Mme Miolan-Carvalho. Je dis transcrites ; il est toutefois juste de dire que M. Victor Massé n'en a emprunté qu'*une* au célèbre violo niste, et il l'a conservée intacte ; les autres appartiennent à la partition, ou plutôt au gosier de Mme Miolan. Ces audacieuses gammes, ces traits éblouissants, cette sûreté d'intonation, cette finesse d'exécution au milieu d'un feu d'artifice sans fin, tout cela défie l'analyse ; aussi fallait-il entendre les frémissements et les trépignements de la salle !... toutes les mains battaient ; pas une ne restait inactive... et chacun de se demander : Comment la reine Topaze ne règne-t-elle pas salle Ventadour ou à l'Opéra ?

Dans son spirituel journal *la Comédie parisienne,* M. Albéric Second apporte le tribut de son admiration.

Il faut courir au Théâtre-Lyrique qui vient d'obtenir un succès à tout casser dans la personne de *la Reine Topaze* ou *la Fanchonnette de Venise.* Le poème est allé aux frises. La musique est allée aux nues. Mme Miolan-Carvalho est allée plus haut qu'on n'est jamais allé et qu'on n'ira jamais.

Après sa fermeture annuelle, le Théâtre-Lyrique rouvrit naturellement avec *la Reine Topaze,* dont le succès était inépuisable. Ce fut l'occasion de nouveaux articles. Dans *l'Univers musical,* M. Philibert Martin rend un compte original de cette réouverture.

> Jamais vous n'avez rien entendu de semblable, et, quant à moi, je ne puis mieux vous dire ce que j'ai entendu qu'en vous en donnant en quelque sorte le catalogue thématique. Ce sera froid, si vous voulez; tant mieux, vous irez vous réchauffer en applaudissant Mme Miolan.
>
> N° 1. Thème très simplement dit.
>
> N° 2. Variations en trilles avec des inflexions de voix imitant le coup d'archet du violon.
>
> N° 3. Variations en triolets.
>
> N° 4. Variations sur la quatrième corde (mais ne prenez pas cela pour une guitare).
>
> N° 5. Andante mineur.
>
> N° 6. Feu d'artifice et bouquet : variations en arpèges et roulades, puis en arpèges et triolets.
>
> N° 7. Explosion d'applaudissements à briser les tympans de tous ses voisins.

Clapisson devait être moins heureux avec son opéra de *Margot*, représenté le 5 novembre 1857, qu'avec *la Fanchonnette;* ce ne fut pas la faute de Mme Carvalho, car le succès de la cantatrice fut immense.

Vous avez beau avoir entendu Mme Miolan

dans *la Fanchonnette* et dans *la Reine Topaze* (dit Léon Gatayes), je vous défie d'imaginer le succès qu'elle a obtenu dans le morceau que j'appellerai l'*air des Fleurs*, et la manière surhumaine dont elle l'a rendu. Trilles, arpèges, sons piqués, gammes chromatiques ascendantes et descendantes, le compositeur et l'artiste ont tout réuni dans ce morceau capital. Si l'on chante dans le ciel, on ne chante pas mieux. Y chante-t-on aussi bien?

De son côté, M. B. Jouvin, dans *le Figaro* hebdomadaire, rendait un juste hommage aux qualités merveilleuses déployées par Mme Carvalho dans le nouvel ouvrage.

La cantatrice possède un mécanisme prodigieux; elle joue de la voix comme Paganini jouait du violon et Listz du piano. On n'a jamais entendu de *concerto* plus magistralement ni plus nettement exécuté que les *variations* du *Carnaval de Venise* et les *vocalises* de *Margot*.

Et un peu plus loin :

Mme Miolan chante l'andante avec le grand style qu'elle tient de Duprez, son maître. Personne, en conscience, ne développe et ne sait mieux achever une phrase musicale.

En février 1858, Mme Miolan-Carvalho chanta le deuxième acte du *Barbier de Séville* avec un brio étonnant et un succès indescriptible.

Une bonne nouvelle (écrit à cette occasion M. B. Jouvin) : depuis quelques jours Mme Miolan chante le deuxième acte du *Barbier*. Mon bonheur serait complet si elle pouvait le chanter seule.

Le mois suivant eut lieu au même théâtre la reprise de *la Perle du Brésil,* dont la première représentation remontait au 22 novembre 1851. Le rôle de Zora avait été alors créé par Mlle Duez, une gracieuse élève de Mme Damoreau.

Mme Carvalho se surpasserait dans ce nouveau rôle (dit Paul de Saint-Victor), si la perfection pouvait se surpasser. Chanté par elle, l'air de l'*Esprit des bois* tient de la magie.

Cette reprise donna lieu à un remarquable article de Fiorentino, consacré à Mme Carvalho, et que son importance nous invite à transcrire dans ses passages principaux.

La perle du Théâtre-Lyrique, ai-je besoin de

la nommer? c'est Mme Miolan-Carvalho. C'est une perle d'un prix inestimable, et qui n'a point sa pareille. Il semblait qu'un souffle dût la ternir et un rien la briser. On sait si elle a perdu de sa beauté et de son éclat! Plus on la voit, plus on la trouve d'une pureté exquise et d'une limpidité incomparable. Mais jamais elle n'avait été plus admirée que l'autre soir; jamais il n'avait paru plus clairement que le Théâtre-Lyrique possède en elle un trésor, et que, tant qu'il possédera ce trésor, il pourra braver toutes les concurrences et défier toutes les rivalités. Depuis que Mme Carvalho a quitté le boulevard des Italiens pour le boulevard du Temple, détournant, par un prodige inouï, le courant de la foule qui allait de la Bastille à la Madeleine, et qui va de la Madeleine à la Bastille; depuis qu'elle a fait rebrousser chemin, par la force et la grâce de son talent, aux délicats, aux raffinés, aux amateurs sincèrement épris de l'art le plus achevé et le plus pur, elle n'a joué que des rôles écrits pour elle, surchargés d'ornements, de traits, de roulades, de points d'orgue impossibles. C'était à qui lui en donnerait le plus, à qui les ferait plus compliqués, plus surprenants, plus difficiles. Elle imitait tantôt le violon, tantôt la flûte; c'étaient des gammes, des arpèges, des trilles et des *staccati* à ne plus en finir. Peu à peu, on était venu à ne point s'inquiéter si elle avait une âme, et à jouer d'elle comme du plus admirable et docile instrument que le divin facteur eût créé. Le public, ébahi de ces tours de force, cria d'abord au miracle. Puis il arriva que, les lui voyant accomplir avec une si parfaite insouciance, on fut toujours ravi, mais un peu moins étonné ; puis on trouva que la chose était toute simple, et on se demanda si l'art du chant n'était qu'un feu d'artifice, et si son but n'était que d'éblouir au lieu de toucher.

Le moment parut critique. On applaudissait encore, mais de vagues symptômes de lassitude et de satiété se manifestaient dans l'auditoire. C'était toujours du pâté d'anguille ; on ne le repoussait pas, mais on n'en était plus aussi friand. Les compositeurs interpellés rejetaient leurs torts sur l'artiste, et ceux qui avaient le plus abusé de ce gosier merveilleux déclaraient qu'ils l'avaient fait à leur corps défendant et pour obéir à une cantatrice insatiable de succès et de popularité, comme si la simple romance du *Pré aux Clercs* n'avait point placé plus haut Mme Miolan dans l'estime des vrais connaisseurs que tous les rôles qu'elle a joués depuis. (*Comme c'est vrai !*)

Ces bruits, qui s'étaient accrédités dans le monde assez jaloux des artistes, ne sont plus admissibles, ou il faut singulièrement en rabattre. Mme Carvalho vient de prendre un rôle qui n'était point à sa taille; un rôle oublié, compromis, presque tombé; et la voilà qui relève à l'instant même et d'un seul coup l'œuvre et l'auteur. Dans ces trois actes, elle n'a que trois morceaux fort simples et fort courts : une ballade, un duo et des couplets; elle en fait trois merveilles de grâce, de sentiment et de goût. Quant au boléro qu'elle chante à la fin du premier acte, on peut bien dire qu'il est à elle; c'est sa création, c'est son bien, c'est sa conquête; il n'appartient pas à son rôle, et c'était la comtesse qui le disait autrefois. Pauvre comtesse, infortuné boléro !

Il faudrait vingt pages pour analyser toutes les perfections de ce style inimitable; mais la perfection ne s'analyse pas, on l'admire et on la sent. On écoutait avec un tel silence que le bruit d'une feuille ou le vol d'un insecte eussent excité des protestations énergiques. On retenait le souffle, on pendait des lèvres de la cantatrice, on n'osait point bouger pour ne rien perdre de ces mélodies enivrantes et de ces accents délicieux.

La ballade est encadrée dans un trio charmant; c'est une des plus belles et des plus pures inspirations de l'auteur du *Désert*.

On ne saurait se faire une idée de la simplicité, de la suavité, de la grâce que Mme Carvalho a mises dans ce chant si mystérieux et si doux qu'on dirait une voix surhumaine murmurant des paroles inconnues aux fleurs, aux arbres et aux ruisseaux.

Le duo d'amour entre Zora et Lorenz est une des plus ravissantes choses qui soient au théâtre. Mme Carvalho a été d'une tendresse, d'une passion bien irrésistible; mais il faut dire aussi que le ténor l'a merveilleusement secondée.

Le chant du *mysoli*, d'une légèreté et d'une ténuité idéales, est si bien dans la voix, dans le genre et dans le talent de Mme Carvalho qu'on s'étonne qu'il eût pu être écrit pour une autre. Elle en a dit le premier couplet mollement balancée dans son hamac, ce qui est une difficulté nouvelle dont on ne s'est point douté : car ni sa tête renversée en arrière ni sa position presque horizontale n'ont pu altérer ces notes plus limpides et plus pures que le cristal. Elle se lève ensuite et lance aux nues, joyeuse et ravie, une telle gerbe de fusées étincelantes que, si tous les mysolis et les bengalis pouvaient l'entendre, ils iraient se cacher de honte et ne sortiraient plus de leurs nids.

« Mme Miolan, dit excellemment M. B. Jouvin, met toutes les délicatesses de son style à faire valoir une musique où les délicatesses abondent. »

Enfin, de son côté, Jules Lovy écrit dans *le Ménestrel* :

Un des bijoux de la partition, une des perles de cette *Perle du Brésil*, c'est le chant du mysoli : *Charmant oiseau qui sous l'ombrage*. Mme Miolan-Carvalho fait de ce chant un chef-d'œuvre de finesse et de suavité. Vous parlerai-je de la ballade : *Entendez-vous dans les savanes?* Chantée par Mme Miolan, elle vous fascinera comme elle fascine les sauvages brésiliens.

Vous tous qui avez entendu *Fanchonnette, la Reine Topaze, Margot,* allez compléter vos sensations en écoutant les fines vocalisations de la nouvelle Zora, le chant du mysoli, la ballade du Grand-Esprit, le boléro, le duo avec Lorenz. Toute la salle a été sous le charme, et, parmi les bouquets tombés aux pieds de la sirène brésilienne, il en est un plus précieux, plus significatif que tous les autres, c'est celui qu'ont laissé échapper du balcon les blanches mains de Mme Gareaux-Sabatier.

Dans les mois d'avril et de mai de la même année, deux concerts furent, pour Mme Carvalho, le motif d'une double ovation.

Le premier était donné au bénéfice d'une artiste, Mlle Nelly. Mme Carvalho dut recommencer les variations du *Carnaval de*

Venise, devant les manifestations enthousiastes d'une salle électrisée.

Ce fut à l'hôtel du Louvre qu'eut lieu le second concert. *Le Figaro* avait convié dans les salons de cet hôtel les plus éminents virtuoses de Paris. Mme Carvalho chanta modestement la romance du *Pré aux Clercs,* avec la magie d'un style incomparable, et, selon la spirituelle expression d'un chroniqueur anonyme :

Paris pour Isabelle eut les yeux de Mergy.

C'est dans le même mois, le 13 mai 1858, que la grande artiste, en interprétant le chef-d'œuvre du divin Mozart, allait donner la mesure de ce style, seul digne de traduire les sereines beautés des *Noces de Figaro.*

Entourée de Mmes Cabel et Caroline Duprez, Mme Carvalho, par la force du génie, sut briller au premier rang.

Cette reprise, qui fait un si grand honneur à la direction de M. Carvalho, restera comme une date précieuse dans l'histoire de la musique dramatique en France ; elle fut alors un événement artistique.

Des places pour la première représentation furent retenues de tous les coins de la France, et des enthousiastes firent cinq cents lieues en trois jours pour assister à cette solennité.

Le rôle de Chérubin ne se compose que de deux petits airs dans la partition originale ; il est vrai que ce sont deux perles : l'air du premier acte : *Je ne sais quelle ardeur me pénètre !* et la romance du page : *Ce doux martyre me prit un jour*. La romance était restée populaire en France, même après la chute des *Noces de Figaro* à l'Opéra.

Je préfère (dit M. Jouvin) le premier air au second, bien que le musicien ait trouvé la note qui va au cœur dans ces deux chefs-d'œuvre. Mais dans ce Chérubin qui s'interroge et se dit : *De mes sens je ne suis plus le maître,* je retrouve l'adorable enfant qui jette ses désirs naissants aux fleurs, au vent, aux étoiles, et qui, amoureux de l'amour, voit une femme jusque dans la duègne Marceline. Mme Miolan dit à demi-voix, avec un charme, avec un style qu'il faut renoncer à louer, et en même temps avec la simplicité qu'y a mise Mozart, l'air et la chanson.

Cette reprise fut le signal d'un concert de louanges les plus flatteuses et les plus méritées.

> Quant à Mme Miolan (s'écrie éloquemment Paul de Saint-Victor), que dire ? On n'analyse pas la perfection, on l'admire et on en jouit. Qui ne l'entendra pas chanter sa romance du second acte n'aura pas su ce qu'est le chant pur, accompli, parfait, le *beau idéal* de la voix humaine.

Enfin, M. Arthur Pougin signale avec cette brillante reprise une transformation nouvelle dans le beau talent de l'artiste :

> Alors, et sans que la virtuosité disparût, elle se fit admirer, par les vrais connaisseurs, par l'élégance et la pureté de son style, par une incomparable manière de phraser, par le charme qu'elle apportait dans la diction du récitatif, enfin par le naturel et la distinction des ornements dont elle enjolivait parfois la trame musicale. Son exécution était un véritable enchantement.

M. Jouvin prit texte de cette reprise pour faire, dans un de ces *portraits à la plume* où il excelle, amende honorable de quelques faux présages.

Le jour que le Chérubin des *Noces* débutait, à l'Opéra-Comique, dans *Giralda* (on a vu que Mme Carvalho avait débuté dans *l'Ambassadrice*), je m'écriai en parodiant Bossuet, assez hors de raison, j'en conviens : « La voix de Mlle Félix-Miolan se meurt! La voix de Mlle Félix-Miolan est morte! »

Six mois après avoir prononcé cette oraison funèbre, j'écrivais, à l'issue d'une représentation du *Calife de Bagdad*, donnée à six heures et demie, en lever de rideau : « Mlle Félix-Miolan est la première et la plus parfaite de nos chanteuses françaises... » Si je m'étais un peu pressé pour sonner le *glas des funérailles*, je m'étais pressé bien davantage pour sonner le *Te Deum*, car mes confrères n'ont monté dans le clocher, où je carillonnais tout seul comme un beau diable, et ne m'ont donné un coup de main que le jour où les cloches annoncèrent à toute volée les *Noces de Jeannette* avec son ami Jean.

Voici la mesure du talent de Mme Carvalho :

Un style pur, un goût parfait, un choix d'ornements exquis, un sentiment admirable de la musique qu'elle interprète, une manière magistrale de dire l'*andante*, beaucoup d'imprévu dans l'art de varier un *point d'orgue* ou de terminer une période, et une ténuité de son dans la *mezza voce* qui imprime à son organe une sonorité voilée d'un charme indéfinissable. Rien d'angélique comme la chanson de l'*Abeille* et les deux airs de Chérubin ainsi exécutés.

De même que Mme Persiani, dont elle renouvelle de nos jours les prodiges de vocalisation et d'agilité, Mme Miolan a une tendance à chanter haut. Ne cherchez pas la comédienne sous la cantatrice, bien qu'elle ait mis dans sa création des *Noces de Jeannette* un grain de naïveté, qu'elle délaye aujourd'hui dans tous ses rôles. Cherchez encore moins la femme sous la comédienne, vous ne trouveriez que l'artiste. — Mais quelle grande artiste !

Nous avons déjà fait justice de cette prétention à ne vouloir pas reconnaître le réel talent de comédienne de Mme Carvalho ; nous n'y reviendrons donc pas.

Nous y reviendrons d'autant moins que le rôle de Marguerite, dans *Faust*, va donner à ces assertions gratuites le plus triomphant démenti.

Comme ce philosophe grec qui faisait en marchant la preuve du mouvement, Mme Carvalho se montra tour à tour rêveuse, passionnée, mystique, et joua la scène de la prison en tragédienne.

La première représentation de l'œuvre admirable de Gounod eut lieu le 19 mars 1859. A partir de ce jour commence cette heureuse collaboration entre le compositeur et l'artiste qui nous permettra d'admirer successivement Marguerite, Baucis, Mireille et Juliette.

M. Jouvin, souvent mieux inspiré, fut moins heureux dans son appréciation du rôle et de l'interprète de Marguerite, car ce fut pour Mme Carvalho l'occasion d'une suite d'ovations et de succès qui se sont renouvelés chaque fois qu'elle a repris le rôle.

> Il y a trop de cris (dit-il), et pas assez de *mezza voce* pour que le rôle de Marguerite soit dans les moyens de Mme Carvalho. Ou je m'abuse étrangement, ou ce rôle est une erreur de la grande cantatrice.

M. Jouvin avait raison de faire une réserve : il s'abusait, en effet. Heureuse erreur ! comme disent les Pères de l'Église en parlant de la faute de nos premiers parents.

Tout le monde ne jugea pas comme M. Jouvin, qui a trop de goût pour n'être pas depuis longtemps revenu d'une première impression.

Fiorentino, lui, ne ménagea pas l'éloge lors de cette première représentation de *Faust*; il rendit pleine justice à cette superbe interprétation du personnage de Marguerite dans lequel Mme Carvalho semble s'être, pour ainsi dire, incarnée.

Le talent si merveilleux de Mme Carvalho (dit-il) s'y révèle sous un nouveau jour. Hier encore elle était la première de nos cantatrices; aujourd'hui c'est l'actrice la plus touchante et la plus dramatique que nous ayons. Rien ne peut donner une idée de la chasteté, de la grâce, de la tendresse ineffable, de l'idéale pureté, de la mélancolie et du charme qu'elle a mis dans ce rôle de Marguerite. Ce n'est pas une femme, c'est une âme. Elle a joué comme elle chante; on n'a jamais rien vu de si beau. . . . .
Lorsque M. Perrin commit la faute énorme de déchirer, dans un mouvement d'humeur, l'engagement qui la liait pour longtemps encore à l'Opéra-Comique, on ne savait pas ce que cette artiste valait... Tout le monde sait aujourd'hui qu'elle a la grâce et l'agilité de Mme Damoreau, le goût de Mme Frezzolini, le style de Duprez,

son maître, une pureté et un sentiment qui n'appartiennent qu'à elle. Elle vient de prouver qu'elle excelle dans les rôles dramatiques aussi bien que dans les rôles légers.

M. d'Ortigue dit à son tour dans *le Ménestrel* :

Mme Miolan-Carvalho a réalisé, dans le rôle de Marguerite, le type poétique et charmant d'Ary Scheffer. Quand elle apparaît, dans le prologue, assise auprès de son rouet, les yeux baissés sur son ouvrage, on dirait une sainte Geneviève. Sa voix, c'est la vibration de son âme, de l'âme de Marguerite heureuse de son innocence d'abord, puis heureuse d'allier, comme elle le croit un instant, l'innocence à la passion, puis brisée, épuisée par le repentir.

Berlioz, toujours laconique sur l'interprétation des opéras, se contente d'écrire :

Mme Carvalho, qui a chanté comme elle chante toujours, a savamment composé le rôle de Marguerite; ses attitudes, ses gestes, sont d'une séduisante suavité ; son costume est charmant. Dans la scène du jardin, sous ces pâles rayons lunaires, on eût dit d'une poétique apparition.

Voilà un éloge, qui a sa valeur, porté à l'actif de la comédienne.

Au commencement de l'année suivante, Gounod confie son nouvel opéra, *Philémon et Baucis*, à M. Carvalho, et le rôle de Baucis à son éminente interprète.

Des brumeuses rêveries de l'Allemagne, voici Mme Carvalho transportée sous l'azur panthéiste de l'Hellade. La blonde et douce Gretchen devient une de ces spirituelles statuettes grecques modelées par les coroplastes de Béotie.

La première représentation, qui eut lieu le 18 février 1860, fut un long succès pour la comédienne comme pour la cantatrice.

> M{me} Carvalho (dit M. B. Jouvin) chante avec ce charme et ce style qu'il faut renoncer à louer le duo et la romance du premier acte, et tous les passages que le musicien a écrits à son intention dans la demi-teinte.

Dans *le Moniteur*, sous le pseudonyme de Rovray, Fiorentino fait un double succès à la chanteuse et à la comédienne.

Dans tout le premier acte, Mme Carvalho est

une charmante vieille, ainsi que l'a fort bien remarqué le seigneur Jupiter. On voit que ses jeunes années se sont écoulées dans le calme et l'innocence de la vie champêtre, et qu'elles n'ont pas été troublées par les passions mauvaises. Son petit tremblement sénile n'altère pas la limpidité de sa voix, et ses rides ne creusent pas d'un sillon trop profond son front mat et pur qui s'encadre de beaux cheveux blancs comme d'une chaste et lumineuse auréole. On sent que le feu couve toujours sous les cendres et qu'elle sera facile à rajeunir.

Au troisième acte, car elle ne paraît pas au second [1], ses traits rayonnent de bonheur; elle est vraiment transfigurée. Elle dit son air avec un éclat superbe, une incomparable *maestria*. Mais, ce qui étonnera ses plus grands admirateurs, la cantatrice est ici surpassée par la comédienne. Mme Carvalho joue à ravir, et comme peu d'artistes sauraient le faire, le rôle de Baucis. Elle sauve par sa modestie, par sa réserve, par son tact exquis, ce qu'il pourrait y avoir de trop libre et de trop vif dans la situation délicate où elle se trouve entre son mari qu'elle aime et le tout-puissant séducteur qui la serre de près. Sa physionomie est si douce et si ouverte, ses mouvements sont si

---

1. Ce second acte a été supprimé depuis.

pleins de candeur et de bonté, qu'on est rassuré d'avance sur les dangers que pourrait courir Philémon.

Pour être plus bref, M. d'Ortigue n'en est pas moins enthousiaste :

> Mme Miolan-Carvalho contrefait la vieille avec une grâce adorable; sa diction, son chant, sont parfaits, et elle exécute des prodiges de vocalisation dans le troisième acte.

Paul de Saint-Victor, après un compte rendu à côté, dans lequel il brode de merveilleux ornements sur la vieille fable de *Philémon et Baucis*, trouve cependant deux lignes caractéristiques pour apprécier le jeu et le chant de la principale interprète :

> Mme Miolan-Carvalho chevrote et chante avec l'esprit d'une fée et la pureté d'une vierge son double rôle de vieille et de jeune femme.

M. Berlioz, enfin, déposa ses foudres pour louer galamment la charmante Baucis :

> Mme Carvalho a joué et chanté on ne peut mieux ce rôle de Baucis qui lui sied à merveille.

C'est bien la plus charmante petite vieille que l'on puisse voir; mais, redevenue jeune, on s'étonne qu'elle ne séduise que Jupiter; Vulcain, en la voyant, devrait, lui aussi, être *brûlé de plus de feux qu'il n'en alluma.*

Engagée pour la saison de Londres, à partir du 1ᵉʳ avril 1860, Mᵐᵉ Carvalho fit sa rentrée à Covent-Garden dans le rôle de Dinorah, du *Pardon de Ploërmel*, avec Faure.

Un correspondant de Londres écrivait, à ce propos, les lignes suivantes au *Ménestrel* :

Mᵐᵉ Carvalho était charmante sous les traits de Dinorah; elle a chanté son rôle en éminente cantatrice, avec cette méthode sûre que vous lui connaissez, et dans ce style noble et large qui lui appartient.

L'adorable *Berceuse,* l'air de l'*Ombre,* dont l'habile artiste a détaillé avec un art parfait toutes les nuances délicates, ont été pour Mᵐᵉ Carvalho autant d'occasions de se montrer la digne interprète de cette belle composition.

Mᵐᵉ Carvalho fut également appelée à la cour pour le premier concert donné par la reine et y fut très applaudie. A cette occasion, un correspondant du *Moniteur* fit à ce journal un tableau exact et original de l'enthousiasme que la cantatrice française excitait à Londres :

> Le succès de Mme Carvalho est sans exemple pour une cantatrice française, dans un pays où l'on n'estime que la musique italienne. Elle a conquis de prime abord tous les suffrages et toutes les sympathies. Son talent hors ligne, ses manières simples et modestes, la juste considération qui l'a toujours entourée, l'ont fait accueillir avec une extrême distinction. Il n'y a pas de bonne fête sans elle, son nom figure en grandes lettres sur toutes les affiches que l'ingénieuse industrie des entrepreneurs étale sur la devanture des libraires, des pâtissiers et même des marchands de homards.

L'enthousiasme anglais éclatait à sa façon, et dans ce spirituel tableau on reconnaît la touche de Fiorentino sous le pseudonyme de Rovray.

Au mois d'août, nouveau triomphe à l'étranger. Ce fut à Bade, dans un concert où Mme Carvalho émerveilla l'auditoire dans les variations sur le prélude de Bach, arrangées par Gounod.

Au commencement de décembre 1860, Mme Carvalho alla donner des représentations à Nantes. Elle y obtint un immense succès dans l'air du *Pré aux Clercs* et les mêmes variations de Gounod sur le prélude de Bach. Herman avait été spécialement appelé pour accompagner l'éminente cantatrice.

A Angers, ce fut le violoniste W. Cattermole, élève de Léonard et gendre de Fétis, qui eut cet honneur. Mme Carvalho y fut étourdissante dans *les Noces de Jeannette*.

L'année suivante, après sa saison habituelle à Londres, où elle se trouvait en même temps que Mme Alboni, Mme Carvalho alla prendre quelque repos aux bains de mer de Dieppe, avant son départ pour Bade, où elle se rendit vers le milieu de septembre. Le succès l'y suivit comme auparavant. L'air d'*Actéon* et la romance des *Noces* suffirent pour électriser le public cosmopolite et quelque peu blasé des baigneurs et des joueurs.

De là Mme Carvalho se rendit à Anvers, où son triomphe fut complet.

Les représentations de Mme Carvalho (dit *le Précurseur*) marqueront dans les annales de notre théâtre; bornons-nous à constater un succès immense et un enthousiasme indescriptible.

Au mois de décembre 1861, Mme Carvalho voyageait en Belgique. D'Anvers, où elle fut acclamée, elle se rendit à Bruxelles pour donner une série de représentations au théâtre de la Monnaie, puis à Lille. Partout elle reçut l'accueil le plus enthousiaste et le plus flatteur.

Puis, quelques jours plus tard, Gand et Liège, la patrie de Grétry, se mettaient au diapason de Bruxelles.

Mme Carvalho, cédant aux réclamations des Bruxellois, revint en mars dans la capitale de la Belgique, où elle se fit de nouveau applaudir dans *Philémon et Baucis,* l'opéra de Gounod, encore inédit en Belgique.

Le mois suivant, Mme Carvalho était à Londres pour la saison du théâtre de Covent-Garden. Le 8 avril, elle reparut dans *Guillaume Tell,* et interpréta le chef-d'œuvre de Rossini en compagnie de Tamberlick et de Faure. Ce fut un vrai régal de délicats ; l'auditoire choisi fit à la cantatrice et à ses deux partenaires une magnifique ovation.

Au mois de juillet, Mme Carvalho fut invitée à charmer par ses divins accents la mélancolique population estivale de Vichy. Quelles cures merveilleuses ne dut pas faire la grande artiste ! Après son départ, un journal de l'Allier constatait qu'il ne restait plus de malades à Vichy. Les uns étaient guéris, les autres suivaient un médecin plus habile et plus agréable que les docteurs de la faculté.

L'inauguration du nouveau Théâtre-Lyrique de la place du Châtelet approchait. Elle eut lieu le jeudi 30 octobre 1862.

La cantate d'ouverture, un *Hymne à la musique,* de Gounod, dans lequel Mme Carvalho chantait avec Mmes Viardot, Cabel et Faure-Lefebvre, fut très applaudie. Mais Mme Carvalho reçut une véritable ovation avec les couplets de l'*Abeille* et la romance de Chérubin, qu'elle soupira plus délicieusement peut-être qu'elle ne l'avait fait jusqu'alors.

Au commencement de décembre Mme Carvalho fit sa rentrée dans *Faust*.

Nous constaterons tout d'abord (dit M. P. Bernard) l'enthousiasme du public en retrouvant sa Marguerite si suave, si poétique, si délicieusement incarnée dans l'enchanteur gosier de Mme Carvalho. Jamais on n'avait si bien compris la supériorité de ce chant sans tache, de cette méthode sans reproche, de ce style sans erreur, de ce talent sans rival. Quel fini et quelle pureté! Comme la phrase est conduite, comme le son est contenu, comme le goût est pur, franc, élevé! Aussi n'a-t-on fait que justice en couvrant littéralement de fleurs et de couronnes chaque note, chaque pas de la merveilleuse cantatrice.

Ce fut encore dans *Faust* que Mme Carvalho se fit entendre, l'année suivante, à la saison de Londres. Secondée par Tamberlick, elle retrouva son succès habituel de l'autre côté du détroit.

Cette année 1863 devait compter dans la vie de Mme Carvalho par un des triomphes qui lui allèrent le plus au cœur.

Mme Carvalho était engagée par M. Halanzier pour aller donner un certain nombre de représentations à Marseille.

On était en plein succès de la reprise de *Faust* au nouveau Théâtre-Lyrique, et elle était engagée pour le mois de janvier. M. Carvalho parvint, au moyen de négociations successives, à retarder le départ de Mme Carvalho jusqu'à la fin de mars. A ce moment, il offrit de payer un dédit de 20,000 francs; refus de M. Halanzier. L'affaire s'envenime; on allait en venir au papier timbré, lorsqu'un arrangement eut lieu, par lequel le directeur du Grand-Théâtre de Marseille acceptait que Mme Carvalho vînt chanter du 20 avril au 10 mai, et qu'à partir de cette époque elle fût remplacée jusqu'à la fin de ce mois par Mme Marie Cabel.

Mme Carvalho partit de Paris le dimanche 19 avril et fit son début à Marseille au bénéfice des pauvres de la ville. *Les Noces de Jeannette,* la chanson de l'*Abeille* et l'*Ave Maria* de Gounod faisaient les frais de cette première soirée.

Ici nous laissons la parole à G. Bénédit, musicien distingué et charmant écrivain, qui rendit ainsi compte dans *le Sémaphore* de cette solennité marseillaise :

Il ne fallait pas être fort habile dans l'art de la divination pour prédire un beau succès à Mme Miolan-Carvalho, dans cette soirée brillante où elle devait faire connaissance avec le public de Marseille. Mais ce que l'on ne pouvait prévoir, c'est le caractère, les proportions, l'enthousiasme de ce succès, qui, parti d'une nuance tempérée, a bientôt dépassé les dernières limites du *crescendo*.

Sous l'impression de cet immense succès, Mme Carvalho a fait appeler le directeur dans sa loge et lui a dit avec une vive émotion : « *Mon cher monsieur Halanzier, vous le savez, je donne ce soir ma première représentation au bénéfice des pauvres pour accomplir un vœu de ma mère. Elle s'était promis, hélas! de m'accompagner dans ma ville natale, et Dieu sait si elle eût été fière de l'accueil que je reçois aujourd'hui ; mais du moins, si je ne puis offrir la moitié de mon triomphe à cette digne mère, je veux honorer doublement sa mémoire. Voici une somme de 1,000 francs, vous l'ajouterez à celle qui me revient sur la représentation de ce soir, et l'autorité voudra bien consacrer le tout à soulager quelques misères.* »

A peine cet incident venait-il de se passer dans les coulisses qu'il était connu dans la salle. Nous laissons à penser comment Mme Carvalho a été reçue lorsqu'elle s'est présentée pour jouer *les Noces de Jeannette*. Qu'il nous suffise de dire pour le moment que Mme Carvalho s'y est montrée aussi excellente chanteuse que spirituelle comédienne, et qu'après avoir recueilli mille témoignages flatteurs pendant la représentation de l'opéra de M. Massé, elle est venue, après la chute du rideau, recevoir une dernière et bien sincère ovation.

La représentation d'adieu ne fut pas moins brillante, nous pouvons ajouter pas moins émouvante que la première soirée. C'est encore à G. Bénédit que nous en emprunterons le récit.

Mme Carvalho venait de terminer ses variations sur *le Carnaval de Venise*, au milieu de l'enthousiasme général, lorsque M. Richard, régisseur de la scène, s'est avancé vers la cantatrice et lui a dit : « *Madame, vos compatriotes, heureux et fiers de votre bienvenue, me chargent de vous offrir cet écrin comme un faible témoignage de leur admiration et pour votre talent et pour la noblesse de votre cœur.* »

Mme Carvalho s'est inclinée vers le public ; puis, ouvrant la boîte recouverte en velours, en a tiré un bracelet magnifique, enrichi de diamants, dont elle s'est parée aussitôt.

Toutefois, ce n'est pas sans être vivement impressionnée que Mme Carvalho a reçu cet hommage ; aussi sa voix s'en est-elle ressentie, lorsqu'elle a voulu dire immédiatement la chanson de l'*Abeille*. Plusieurs fois, Mme Carvalho a recommencé la première mesure de ce morceau sans pouvoir aller plus loin. Oppressée, le cœur rempli de joie et de reconnaissance, ses yeux se sont mouillés de larmes, et alors son émotion a gagné la salle entière qui s'est associée à l'ovation décernée à l'artiste avec une sympathique et touchante unanimité.

Si M. Jouvin avait assisté à ces représentations, nul doute qu'il n'eût trouvé la femme sous l'artiste.

Quelques jours après, Mme Carvalho rentrait au Théâtre-Lyrique, dans *Faust*, pour les débuts du ténor Morini, *alias* Schumpff.

Le 1er septembre eut lieu la reprise au nouveau théâtre des *Noces de Figaro,* et Mme Carvalho retrouva le succès des premiers jours dans le rôle de Chérubin.

Qui pourrait-on entendre dans le rôle de Chérubin après Mme Carvalho? demande très justement M. Gustave Bertrand. Dans sa romance surtout : *Un doux martyre,* et dans le duetto du troisième acte elle renchérit sur la perfection même,... On n'a pas été plus loin, et l'on n'ira jamais plus loin dans le sens de l'idéal du chant séraphique rêvé par Mozart. Mozart lui-même n'eût-il pas été charmé de ce phraser si délicat et si pur, uni à cette voix d'un timbre si particulièrement délicieux ? Il y a là, je le répète, un côté d'idéal obtenu, au delà duquel on ne voit rien.

Lors de la reprise de *la Perle du Brésil,* au mois de novembre de la même année, le même écrivain disait excellemment :

Ceux qui l'entendent aujourd'hui ne veulent pas croire qu'elle ait été créée par une autre que par elle. Certes, la jeune artiste par qui le rôle de Zora fut chanté pour la première fois, le 22 novembre 1851, y réussit beaucoup; mais le rôle attendait Mme Carvalho : il n'a été vraiment révélé que par elle, il y a cinq ans. C'est elle qui a dégagé toute la poésie si singulière et si profonde de la ballade que chante Zora au premier acte, et qu'elle reprend au dernier, au milieu des forêts natales. J'en dirai autant des coquetteries charmantes de la chanson du bal : *La belle fête pour Zora,* et de ce chant du mysoli, qui est par lui-même un bijou musical, et dont la cantatrice double elle-même la valeur. La salle entière l'a redemandé à grands cris, et Mme Carvalho l'a répété avec de nouveaux ornements plus rares et plus éblouissants que les premiers.

Il en fut de même pour la reprise de *la Reine Topaze*, qui retrouva place du Châtelet l'étourdissant succès du boulevard du Temple.

C'est (dit *le Ménestrel*) l'opéra contemporain qui a le mieux su mettre en valeur l'étonnante virtuosité de Mme Carvalho ; on bisse et on bissera toujours ces couplets de la petite abeille que Mme Carvalho fait voltiger si gracieusement au bout du fil d'or de sa voix. On lui redemanderait aussi, si l'on ne craignait de la fatiguer, son couplet du *Rire*, mais on bisse sans pitié la dernière, c'est-à-dire la plus merveilleuse des variations du *Carnaval de Venise*.

Nous arrivons enfin à une nouvelle création. *Mireille* fut représentée le 19 mars 1864, et, retrouvant dans l'opéra de Gounod l'inspiration poétique de *Faust*, Mme Carvalho fit de l'héroïne du barde provençal une figure vivante et colorée dont le souvenir restera désormais.

Nous avons déjà noté quelques détails sur l'exécution (dit M. Prosper Pascal). On peut la dire bonne du fait de chacun, et véritablement supérieure de la part de Mme Carvalho, qui brille plus que jamais au premier rang, où elle s'est placée parmi les cantatrices.

M. Jouvin ne mit aucune restriction à son éloge, et il eut raison.

Mme Miolan-Carvalho chante *Mireille* avec cette science de la demi-teinte et cet art de terminer la phrase musicale qui constituent son style... Toutes les fois que M. Gounod a eu la sagesse de ne pas surmener sa prima donna, l'œuvre et la chanteuse ont triomphé l'une par l'autre. Il me suffira de citer le duo *Vincenette a votre âge*, la chanson de *Magali*, le duo de Mireille et de Vincenette et la cavatine *Heureux petit berger !*

A la reprise qui eut lieu la même année, l'éminent critique du *Figaro* ajoutait :

M. Gounod a enrichi son premier acte, déjà si

complet, d'une valse vocalisée, dont l'exécution pleine d'intrépidité de Mme Carvalho a fait la fortune : c'est éblouissant, c'est vertigineux! Me préserve le ciel de conseiller à l'ambition des cantatrices l'escalade des sommets périlleux auxquels se suspend le style ailé de Mireille! On a fait bisser à Mme Carvalho et au ténor Michot la chanson de Magali.

Mais Mme Carvalho allait bientôt remporter un nouveau triomphe. La reprise de *la Flûte enchantée* au Théâtre-Lyrique est encore une de ces entreprises, merveilleusement conduites, qui ont placé M. Carvalho si haut dans l'estime des véritables dilettanti.

On ne connaissait en France l'œuvre de Mozart que par deux reprises à l'Opéra, l'une en 1801, sous le titre des *Mystères d'Isis*, déplorable réduction en trois actes, dont la plupart des morceaux avaient été retranchés ou détériorés par la main mal habile de Lachnitz, et où l'on avait introduit des airs de *Don Juan*, des *Noces*, et jusqu'à des bribes de symphonies d'Haydn; l'autre, qui eut lieu trente ans plus tard, et sur les mêmes errements. Nous allions connaître pour la première fois ce chef-d'œuvre dans son intégralité.

Cette importante reprise eut lieu au Théâtre-Lyrique le jeudi 23 février 1865. Ce fut une véritable fête pour les gens de goût.

C'est (dit Théophile Gautier) Mme Carvalho qui remplit le rôle tendre et charmant de Pamina. Plus qu'aucune autre, elle a dans la voix ces intonations mystérieusement voluptueuses que Mozart emploie quand il veut parler d'amour; elle fait apprécier les nuances les plus délicates, les modulations les plus douces, les traits les plus fins de cette musique divine, et ce que nous avons dit du génie du compositeur, nous pouvons l'appliquer justement au talent de la cantatrice, dont la sûreté donne aux choses les plus savantes une apparence de simplicité.

Dans les *Débats*, M. d'Ortigue apporte sa note à ce concert d'éloges :

L'exécution de *la Flûte enchantée* est vraiment magnifique. Parlons d'abord de Mme Carvalho, qui a chanté admirablement le duo : *Ton cœur m'attend! le mien t'appelle!* Il est juste d'ajouter qu'elle a été admirablement secondée par Troy. Elle a dit aussi avec un profond sentiment le bel air en *sol mineur : C'en est fait, le rêve cesse!* et cela sans ajouter une inflexion, un accent. Une interprétation pareille est digne de Mozart. Je ne connais pas de plus bel éloge.

Nous aurions trop à citer s'il fallait rapporter les articles élogieux pour Mme Carvalho qui furent écrits à l'occasion de cette reprise. Le rôle de Pamina est resté un de ses meilleurs; elle l'a souvent repris depuis, et a fait éprouver à ses auditeurs ce plaisir sans mélange que produit toujours l'irréprochable interprétation d'un chef-d'œuvre.

On ne sait, en effet, ce qu'on doit le plus admirer chez Mme Carvalho, de l'intelligence qu'elle déploie dans la composition d'un rôle nouveau, ou du soin pieux, de la science parfaite, avec lesquels elle interprète des œuvres consacrées. Ce profond respect du grand art, ce zèle ardent, ce culte des maîtres, est assurément un des côtés les plus élevés de son admirable talent.

Le 1ᵉʳ septembre, la réouverture du Théâtre-Lyrique se fit naturellement avec *la Flûte enchantée*, dont le succès était loin d'être épuisé. Fiorentino le constate en ces termes :

> Mᵐᵉ Carvalho a été plus merveilleuse et plus complète que jamais ; sa voix pure faisait à chaque instant frissonner délicieusement toute la salle ; c'était le son, tantôt doux et velouté, tantôt limpide et éclatant du meilleur des stradivarius, manié par le plus habile et le mieux inspiré des artistes.

La Fiancée d'Abydos, dont la musique était d'Adrien Labarthe et le libretto emprunté au poème de Byron, fut représentée le 30 décembre 1865 au Théâtre-Lyrique.

Comme toujours, le succès de Mᵐᵉ Carvalho fut grand. Elle était entourée de trois chanteurs de mérite : Monjauze, Ismaël et Lutz ; cependant l'opéra ne fut pas accueilli avec beaucoup de faveur.

Il n'en fut pas de même de la principale

interprète, et ce fut dans la presse un concert d'éloges dont nous ne retiendrons que ces lignes de M. Étienne Desgranges :

Mme Carvalho a été admirable dans le rôle de Zuleika ; impossible de chanter avec une pureté plus merveilleuse, un style plus parfait, un sentiment plus profond et plus vrai. *C'est l'héroïne de lord Byron idéalisée par le génie même du chant.*

Le 16 avril 1866, Mme Carvalho obtint un succès bien doux pour le légitime orgueil de l'artiste.

Au concert qui suivit le dîner de *l'Événement*, — celui de Villemessant, — elle chanta concurremment pour la première fois à côté de la Patti dans tout l'éclat de sa jeunesse et de sa réputation.

Est-il besoin d'ajouter que, sans effort, Mme Carvalho l'emporta sur sa rivale de toute l'autorité de son magnifique talent? La Patti n'était plus qu'une charmante élève à côté d'un maître inspiré. Elle eut, du reste, le bon goût d'applaudir, la première, celle qui venait de montrer à sa jeune renommée le chemin qu'il y avait encore à parcourir avant d'atteindre à la sienne.

Cette soirée est à jamais gravée dans la mémoire de ceux qui ont eu le bonheur d'y assister.

Mme Carvalho chanta la romance de Chérubin d'une façon divine et la valse de *Mireille* avec une incroyable virtuosité. L'émulation la fit se surpasser ; jamais elle n'avait été aussi belle : ce fut un triomphe.

Un témoin oculaire va nous rappeler l'impression produite par la grande artiste sur l'étoile du Théâtre-Italien.

> J'étais placé de manière à voir la Patti, elle buvait pour ainsi dire chaque note, et son admiration se traduisait sur sa physionomie si vive et si animée. Figurez-vous une Rachel enfant écoutant Talma.

Bientôt après, dans les premiers jours de mai, Mme Carvalho allait donner une nouvelle preuve de l'incroyable souplesse de son talent en interprétant le rôle de Zerline dans la superbe reprise de *Don Juan,* un des triomphes de la carrière directoriale de M. Carvalho.

A côté de Mmes Charton-Demeur et Nilsson, Mme Carvalho sut donner au rôle de Zerline une valeur que l'on ne pouvait soupçonner avant de l'avoir entendue. La grâce, la finesse du jeu, le disputaient à la virtuosité de la cantatrice. Cette nouvelle interprétation de Zerline fut tellement appréciée du public que, chaque soir, le Théâtre-Lyrique fit le maximum des recettes.

C'est (dit M. B. Jouvin) Mme Carvalho qui faisait Zerline. Dans ce nom seul il y avait des promesses d'exécution qui ont été religieusement tenues. L'autre don Juan, le partenaire de la chanteuse française au théâtre italien de Covent-Garden [1], m'avait dit : « Vous l'entendrez. »

La presse fut unanime à constater combien Mme Carvalho l'emportait sur la Patti, dont Zerline est un des meilleurs rôles.

Au commencement de 1867, Mme Car-

---

1. Faure.

valho chanta le rôle d'Agathe dans *Freischutz* avec cette autorité qu'elle apportait dans l'interprétation des chefs-d'œuvre classiques; mais bientôt, tout entière à l'étude de *Roméo et Juliette,* le nouvel opéra de Gounod, elle abandonna ce rôle, qui fut repris par Mlle Schrœder [1].

L'œuvre du maître français fut représentée au Théâtre-Lyrique le 27 août 1867.

Juliette, encore une de ces poétiques figures rêvées par un grand poète et incarnées dans le génie d'une sublime interprète! Jamais tragédienne ne s'est élevée plus haut que Mme Carvalho dans ce rôle, jamais l'artiste n'avait donné une plus éclatante preuve du soin qu'elle apporte à l'étude de ses rôles et de la flexibilité de son talent. Nous l'avions vue dans *Faust* remplie d'une mystique et rêveuse ardeur; dans *Roméo et Juliette,* elle sut, en restant chaste, rendre les élans

---

[1]. Cette reprise est encore une de ces patientes et scrupuleuses restitutions des chefs-d'œuvre, auparavant mutilés ou arrangés, que nous a donnés M. Carvalho, à qui l'on devait déjà *les Noces de Figaro, Obéron, la Flûte enchantée,* etc.

passionnés de la fille des Capulets. Chaque soir, la célèbre scène de la chambre nuptiale arrachait aux spectateurs des cris d'admiration. De la cantatrice on n'ose plus parler, sinon pour dire qu'elle semble se surpasser à chaque création.

Quant à Mme Carvalho (dit M. Moreno), on ne peut que répéter qu'elle est la première artiste de l'époque : jamais, dans son rêve, un musicien poète n'a pu rencontrer Juliette plus accomplie. Mlle Patti, qui doit chanter ce rôle à Londres, n'a, pour bien faire, qu'à imiter le plus qu'elle pourra ce parfait modèle ; elle a été la première à le reconnaître.

M. Reyer, qui avait succédé dignement à Berlioz dans la critique musicale du *Journal des Débats,* apprécie comme il suit l'interprétation du rôle de Juliette :

Mme Carvalho a montré dans le rôle de Juliette, lequel vaudra pour elle au moins celui de Marguerite, des qualités dramatiques du premier ordre, qui ajoutent encore au prestige de son beau talent, et elle a déployé pour chanter les délicieuses inspirations de M. Gounod toute la fraîcheur de sa voix, toutes les grâces de son style.

De son côté, M. Paul de Saint-Victor rend un égal hommage à la tragédienne et à la cantatrice.

L'exécution est digne de l'œuvre. Mme Carvalho est la Juliette idéale, pure, ardente, gracieuse et tragique; sa voix n'a jamais eu plus de charme, de tendresse, d'éclat pathétique : c'est une flamme, c'est une lumière. Elle a été comblée de fleurs, d'acclamations, de rappels. La soirée n'a été pour elle qu'une longue ovation.

Le 31 mai 1867 avait eu lieu la représentation au bénéfice de Mme Carvalho.

Le programme, magnifique de tous points, était ainsi composé :

Un Cas de conscience, par Mme Arnould-Plessy, MM. Bressant, Coquelin et Mirecour.

Le premier et le deuxième acte de *Don Juan*, par Mme Carvalho dans le rôle de Zerline; Mme Charton-Demeur, dans celui de donna Anna ; Mlle Nilsson, dans celui d'Elvire, et par MM. Barré, Troy, Michot, Zimmer et Lutz pour les autres rôles.

Le premier acte de *la Traviata*, par Mme Vandenheuvel-Duprez et M. Puget.

Après le bal, par M. Geffroy et Mlle Pierson.

Le deuxième acte de *Faust,* par la bénéficiaire, MM. Michot, Cazaux, Mlle Daram et Mlle Duclos.

Le deuxième acte de *la Flûte enchantée,* par Mlles Nilsson, Schrœder et Tual, MM. Troy, Bérard et Lutz.

La recette fut énorme, mais encore au-dessous de l'ovation qui fut faite à la bénéficiaire. Mme Carvalho en a conservé le précieux souvenir, car, si le public de Paris a pour sa cantatrice une prédilection marquée, on peut affirmer qu'il est payé de retour.

L'année suivante, Mme Carvalho fut l'objet d'une distinction fort rare. Elle reçut la grande médaille du Mérite et du Génie de Hollande.

Peu de temps après, le Théâtre-Lyrique étant définitivement fermé, la grande artiste traita avec l'Opéra, à raison de 60,000 francs pour l'année, avec deux mois de congé, ce qui mettait son traitement à 6,000 francs par mois.

TROISIÈME PÉRIODE

La première représentation de Mme Carvalho à l'Opéra eut lieu le 25 novembre 1868, dans le rôle de la reine de Navarre, des *Huguenots*.

Son avènement sur la grande scène où elle vient régner (dit Paul de Saint-Victor) a été une longue ovation. Les applaudissements ont battu aux champs dès que la reine de Navarre est entrée dans le jardin de Chenonceaux; c'était une véritable fête d'enthousiasme. La grande artiste a dit avec un art exquis ce rôle délicieux et brodé comme un bijou de la Renaissance. Elle en a fait valoir toutes les nuances, sentir toutes les grâces et toutes les finesses; on croyait l'entendre pour la première fois.

Le même compliment se retrouve chez

la plupart des critiques. Pour tous les connaisseurs, cette interprétation du rôle de la reine était une révélation.

Dans *le Figaro,* M. Bénédict[1] analysait avec autorité les qualités déployées par l'éminente cantatrice.

C'est par le rôle de la reine de Navarre, des *Huguenots,* que Mme Carvalho a pris possession de l'Opéra. S'il n'est ni développé ni passionné, le rôle a une importance très réelle au point de vue du chant, et, interprété par une virtuose de premier rang, il se place de lui-même en première ligne. Avant de passer aux heureuses mains de Mme Carvalho, il affichait moins d'ambition, il faut bien le dire. Succédant à Mme Dorus-Gras, Mlle Nau, Mlle Dobrée, Mme Laborde, chantèrent correctement, rien de plus, à l'exemple de l'artiste de la création. Il n'en pouvait être ainsi avec la nouvelle Marguerite. Mme Carvalho y a mis l'originalité de son style et cet art exquis des nuances qui donnent à l'exécution de la chanteuse quelque chose du souffle créateur qui est dans l'invention du musicien. Entre la pensée de celui-ci, traduite avec autorité, et le relief ou les grâces de l'inter-

---

1. Lisez B. Jouvin.

prétation, il y a une collaboration véritable. Invoquerai-je, à l'appui d'une opinion qui peut sembler paradoxale, les souvenirs des auditeurs et des admirateurs de la grande cantatrice ? Ils ne me démentiront point. N'y avait-il pas une part réelle d'invention dans la manière de chanter la chanson de l'*Abeille*, la valse de *Mireille* et la romance de Chérubin : *Voi che sapete ?*

Mme Carvalho a mis ce que j'appellerai l'imprévu de son exécution dans l'air : *O beau pays de la Touraine*, et dans son duo avec Raoul ; elle en a rajeuni les beautés classiques, émoussées jusqu'à elle par les redites de la tradition. Où l'on peut surpendre un accent vraiment nouveau, c'est dans l'*aparté* de Marguerite : *Ah ! si j'étais coquette !* Les autres chanteuses vocalisent, Mme Carvalho *dit* avec esprit, avec finesse, avec malice.

Au mois de mars, Mme Carvalho alla chanter à Monaco. L'air d'*Actéon* et celui du *Pré aux Clercs* lui valurent une ovation véritable. Jamais la cité monégasque n'avait résonné de tels accents. Ce fut un enchantement dont les échos se répercutèrent jusqu'à Paris.

Quelque temps après, Mme Carvalho dut

se rendre à Bruxelles, où la liait un engagement avec M. Letellier, directeur du théâtre de la Monnaie. Elle vint reprendre à l'Opéra, le 28 avril suivant, sa belle création de Marguerite, dans *Faust*, où Mlle Nilsson avait obtenu un grand succès, impuissant cependant à faire oublier celui de son illustre devancière.

M. Bénédict, du *Figaro*, résume fort bien l'impression causée par Mme Carvalho dans ce rôle, qui lui appartient tellement qu'il fait quelquefois, et bien à tort, oublier ses autres créations.

Mme Carvalho a traduit et rendu jusqu'en ses nuances exquises les épisodes de ce poème de l'amour, qui commence à l'innocence pour finir à la chute de Marguerite, dans ce jardin de Marthe, où la lune, les étoiles et les fleurs descendent en rayons ou montent en parfums, complices du bonheur de Faust et de la séduction de Méphistophélés.

Je ne louerai point, — et vous savez pourquoi, — l'art éblouissant de la cantatrice dans l'exécution de la cavatine des Bijoux. On s'attendait aux merveilles de ce gosier agile, qui, semblable à la fée du conte, sème des diamants à chaque parole. C'est avant tout la comédienne inspirée et passionnée qui fait vivre l'héroïne de Gœthe dans les mélodies de Gounod.

Dans ce rôle de Marguerite, Mme Carvalho n'est la plus parfaite des cantatrices que parce qu'elle s'y montre la plus inspirée des comédiennes.

Guillaume Tell fut repris ensuite à l'Opéra, qui inaugurait ses représentations extraordinaires du dimanche, le 3 octobre, avec Mme Carvalho et Faure.

Ce fut ensuite le tour de *Don Juan,* où l'exquise Zerline retrouva son succès de la place du Châtelet.

La guerre vint interrompre le cours de ces représentations. Pendant le siège, Mme Carvalho fut engagée au théâtre de la Monnaie, à Bruxelles, où elle obtint ovations sur ovations dans ses plus beaux rôles, et surtout dans *Roméo et Juliette,* où elle fut sublime.

De Bruxelles, Mme Carvalho se rendit à Londres pour la saison, et, après quelques mois de repos, elle fit sa rentrée à l'Opéra-

Comique, le 1ᵉʳ septembre 1871, dans le rôle d'Isabelle du *Pré aux Clercs*.

Reliant la chaîne interrompue de ses triomphes au théâtre témoin de ses premiers pas, Mᵐᵉ Carvalho avait tenu à reparaître dans le dernier rôle chanté par elle, avec tant d'éclat, à la salle Favart.

Ce fut une belle soirée que celle de sa rentrée. Après la romance du premier acte, il y eut dans la salle un frémissement d'admiration, et l'enthousiasme alla croissant jusqu'à l'air du deuxième acte, magistralement accompagné par Croisilles, qui n'avait peut-être jamais joué son introduction d'une façon plus délicieuse.

Des bravos frénétiques accueillirent la fin du morceau, croissant à chaque instant d'intensité, jusqu'au point où la salle, se surexcitant par sa propre admiration, parut véritablement en délire. Mᵐᵉ Carvalho s'inclinait, émue des transports qu'elle soulevait, et les applaudissements redoublaient.

Entre temps, Mᵐᵉ Carvalho, qui est patriote, prit part au grand concert qui fut donné à Reims en novembre 1872, à propos de l'évacuation du territoire français par l'armée allemande. Le succès de la grande artiste fut immense. La valse de *Mireille* et surtout la romance des *Noces de Figaro* furent acclamées par un public enthousiaste.

L'année suivante, Mme Carvalho, à l'apogée du talent et de la réputation, voulut reprendre ce rôle d'Henriette, de *l'Ambassadrice,* qui avait été la première victoire de la petite élève de Duprez. Elle y fut charmante, et cette reprise, où chantaient à ses côtés Mmes Chapuy et Thibault, MM. Ponchard, Cappel et Thierry, fut chaleureusement accueillie du public.

La reprise de *Roméo et Juliette* ne fut pas moins fêtée par les admirateurs de l'artiste.

Il y a (dit M. G. Bertrand, en parlant de cette représentation) de la candeur dans les sonorités de sa voix, et les ardeurs qu'elle y fait passer ensuite n'en semblent que plus belles...

J'ai entendu ce rôle de Juliette, chanté à Saint-Pétersbourg par la Patti avec cet éclat juvénile qui lui est propre et un succès *di primo cartello*; j'ai admiré la voix et le brio, et, pas un instant, la

« fée du succès » ne m'a rendu infidèle à l'artiste que nous admirons.

Mme Carvalho est toujours restée, en effet, l'idéal vivant de Juliette. Il faut l'avoir entendue dans ce rôle pour comprendre toute la poésie de la belle partition de Gounod.

L'année suivante, *Mireille* succéda à *Roméo et Juliette* sur l'affiche de l'Opéra-Comique. Ce fut encore Mme Carvalho, fort bien secondée par Duchesne, Ismaël et Dufriche, qui sut animer cette pastorale tragique d'un souffle poétique.

C'est également en 1874 que Mme Carvalho, dans la reprise des *Noces de Figaro*, accomplit ce tour de force de se surpasser elle-même. Qui n'a pas entendu ce merveilleux chef-d'œuvre chanté par elle ignore les plus nobles jouissances que puisse donner la musique.

Dans le cours de la même année, M. Halanzier, ayant pris la direction de l'Opéra, l'inaugura par deux actes fort habiles. Il s'attachait M. Carvalho comme directeur de la scène et signait avec l'éminente artiste un traité qui commençait à la fin de son engagement avec l'Opéra-Comique. Cette nouvelle inspira à M. Georges d'Heylli les lignes suivantes, dans son *Histoire de l'Opéra* :

C'est là un fait qui importe assez à l'histoire contemporaine de l'Académie de musique pour que nous nous empressions de le mentionner. Nous ne saurions trop féliciter M. Halanzier d'avoir obtenu la rentrée à l'Opéra de cette éminente cantatrice.

Le 31 mars 1875, Mme Carvalho reparut sur la scène de l'Opéra, alors salle Ventadour depuis l'incendie du théâtre de la rue Le Peletier, dans *Hamlet*.

Ce rôle, créé brillamment par Mme Nilsson, à Paris, chanté par l'Albani à Londres, Mlles de Murska et Schrœder à Vienne et bien d'autres étoiles dont les noms nous échappent, aucune cantatrice ne se l'est mieux assimilé que Mme Carvalho, dans le double chef-d'œuvre de Shakespeare et de M. Ambroise Thomas.

A la reprise des *Noces de Figaro*, qui eut

lieu peu de temps après, Mme Carvalho abandonna le rôle de Chérubin, qui servit de début à Mlle Breton, pour prendre celui de la comtesse. Telle est la puissance du talent que ce personnage relativement effacé fut mis au premier plan par la grande artiste. L'épouse délaissée du comte Almaviva se montra tour à tour mélancolique et tendre ; jamais on n'avait plus délicieusement soupiré l'andante de l'air : *Douce image évanouie*. Comme toujours, Mme Carvalho se montra comédienne exquise dans ce rôle fait de nuances, où l'amour qui va naître n'a pas encore remplacé l'amour qui s'en va.

Quelque temps après, nouveau succès dans le concert donné par Planté au Conservatoire devant un auditoire d'élite, et dans lequel Mme Carvalho et M. de Soria alternèrent avec le bénéficiaire.

Le 30 mai, l'illustre cantatrice remporta une de ses plus éclatantes victoires à la soirée de gala donnée à l'Opéra au profit de l'œuvre des Pupilles de la guerre. Si Mme Carvalho se prodigua dans l'air des *Noces de Figaro*, le *prélude* de Bach et le trio du cinquième acte de *Faust,* les applaudissements ne lui furent pas mesurés, non plus qu'à ses excellents partenaires, Vergnet et Gailhard.

A ce propos, nous ferons observer qu'au rebours de bien des chanteurs, et des plus éminents, Mme Carvalho n'est jamais plus belle ni plus inspirée que lorsqu'elle chante concurremment avec de grands artistes. L'unique moyen qu'elle emploie pour les surpasser est de se surpasser elle-même. Nous avons eu quelquefois le bonheur d'assister à ces luttes d'une noble émulation : elle y est admirable.

Le 6 septembre, on reprit solennellement à l'Opéra *Faust,* donné pour la première fois dans son intégralité. Mme Carvalho rentra ce soir-là en possession d'un rôle qui est bien sa propriété, car elle l'a créé et y est restée inimitable. Elle le chanta avec un art merveilleux et une habileté consommée.

Deux mois après, lorsque Faure reparut dans *Hamlet* après une longue maladie, Mme Carvalho tint à honneur de reprendre son rôle d'Ophélie. *Hamlet* réunit cette fois les deux plus grands artistes français de notre époque, et la presse entière constata que jamais l'admirable partition de M. Ambroise Thomas n'avait été aussi merveilleusement interprétée.

Successivement, Mme Carvalho reprit *les Huguenots, Guillaume Tell,* et enfin, vers la fin de 1876, *Robert le Diable,* qu'elle abordait pour la première fois depuis qu'elle avait obtenu son premier prix au Conservatoire.

Il n'était douteux pour personne que l'éminente cantatrice fît brillamment la conquête du rôle d'Isabelle. En effet, elle déploya toute la maîtrise de son beau talent dans la cavatine, dont, avec un art exquis, elle sut rajeunir l'andante. L'émotion, l'accent qu'elle mit dans l'air fameux : *Robert, toi que j'aime,* furent irrésistibles. Jamais, aux plus beaux temps de l'Opéra, et de l'aveu des vieux *dilettanti,* naturellement portés à louer le passé, ce rôle difficile n'avait été tenu avec une telle autorité, détaillé avec une plus désespérante perfection.

L'effet de cette reprise fut si considérable que le directeur de l'Opéra s'empressa de solliciter de Mme Carvalho une prolongation de son engagement pour deux années.

Tout le premier semestre de l'année 1877 fut partagé entre les deux rôles de *Robert* et de *Faust*, que le public ne se lassait d'entendre interpréter par la grande artiste, jusqu'à l'époque de son congé annuel.

Au mois de septembre, Mme Carvalho faisait sa rentrée dans son inépuisable succès de *Faust* ; puis, le mois suivant, elle était doublée par Mlle Daram, et reprenait le rôle d'Isabelle de *Robert,* qu'elle alterna jusqu'à la fin de l'année avec celui de la reine de Navarre.

Vers la fin du mois de février 1878, Mme Carvalho se fit acclamer... au Théâtre-Français, à la représentation de retraite de Bressant. L'éminente artiste, admirablement secondée par Faure, prouva ce soir-là devant un public d'élite que l'école française, ainsi représentée, est la première du monde.

Après avoir passé à Puys, près de Dieppe, le temps de son congé annuel, Mme Carvalho fit sa rentrée à l'Opéra, le mercredi 11 septembre, dans *Faust* ; puis, quelques jours après, dans *les Huguenots,* où elle eut un magnifique succès. Le lendemain, Bouhy, indisposé, ne put chanter *Hamlet,* et Mme Carvalho, qui ne connaît pas la fatigue, s'offrit à chanter *Faust,* sinon le plus grand, du moins le plus populaire de ses succès, où elle fut énergiquement applaudie.

A la fin du mois de janvier 1879, Mme Carvalho alla faire les honneurs, avec MM. Capoul et de Soria, du nouveau théâtre de Monte-Carlo, construit par Charles Garnier.

Le vendredi 21 mars, l'éminente cantatrice fit ses adieux au public de l'Opéra, dans *Faust,* devant une salle comble et enthousiaste.

Ce fut dans le rôle de Pamina, de *la Flûte enchantée,* que Mme Carvalho, revenant définitivement sur le théâtre de ses premiers succès, voulut reparaître devant son public d'élection.

La grande artiste allait renouveler les merveilles de la reprise de 1865 au Théâtre-Lyrique, restée fameuse dans les fastes de la musique.

Au milieu d'un incomparable ensemble de virtuoses, Mme Carvalho apparut ce qu'elle était déjà en 1865, « l'interprète née de Mozart », selon la juste expression de M. Moreno. Jamais elle n'avait été plus acclamée que dans cette belle représentation, où elle reprenait avec toute l'autorité de son beau talent, la pureté toujours exquise de sa voix, la simplicité de son style, un de ces rôles que l'on n'osera plus aborder après elle.

Avec Mme Carvalho, les beaux jours de l'Opéra-Comique étaient revenus ; les représentations de *la Flûte enchantée* clôturèrent brillamment la saison.

Au mois de juillet, Mme Carvalho fut l'étoile de la splendide fête musicale donnée par M. Gambetta à l'hôtel de la Présidence de la Chambre, et organisée avec le goût artistique qui distingue M. Antonin Proust.

L'admirable cantatrice chanta divinement la romance des *Noces*, puis le duo de la *Flûte* avec Faure, et le quatuor de *Rigoletto* avec Mlle Richard, Faure et Talazac.

Encore une soirée dont les délicats ne pourront perdre le souvenir.

L'année 1879 fut close par le concert donné à l'Opéra-Comique au profit des incendiés algériens. Le théâtre avait mis au service de cette bonne œuvre ses premiers sujets, Mme Carvalho en tête, auxquels s'était joint M. Faure, dont le succès fut très grand. Mme Carvalho fut acclamée dans la romance de Chérubin.

En janvier 1880, Mme Carvalho chantait *Faust* à Monte-Carlo avec son illustre partenaire Faure et le ténor Duchesne; le succès fut immense, et, suivant l'expression d'un écrivain méridional, pour la première fois le jardin de Marguerite fut encombré de fleurs naturelles en plein mois de janvier.

Quelques jours après, *Hamlet* fut pour Ophélie l'occasion d'une ovation plus enthousiaste peut-être que la première. Des trains spéciaux amenèrent d'Italie des *dilettanti* avides d'entendre les deux plus grands représentants de l'art du chant français. Une magnifique représentation de *Don Juan* termina cette série de triomphes pour la grande artiste, si habilement organisés par

M. Jules Cohen, à qui revient l'honneur d'avoir, avec un art infini, respectueusement réduit les proportions de ces œuvres magistrales pour les adapter à la petite scène monégasque.

Le grand succès de *Jean de Nivelle,* à l'Opéra-Comique, créant des loisirs à Mme Carvalho, lui permit d'aller donner quelques représentations à Bruxelles pendant le mois d'avril. Celle de *Faust* valut à la grande cantatrice les vives félicitations de la reine des Belges, et de la part de la presse belge un concert unanime d'éloges.

Au mois de novembre, Mme Carvalho fit avec l'impresario Ulmann une tournée dans l'ouest de la France.

Quatre morceaux composaient son programme, morceaux habilement choisis pour faire valoir les qualités de style et de virtuosité de son incomparable talent : la romance des *Noces,* l'air d'*Actéon,* le duo des *Noces* et la *Méditation* de Gounod sur le *prélude* de Bach.

Mme Carvalho revint à Paris à la fin du même mois, après avoir été acclamée à

Rouen, au Havre, à Nantes, à Angers, à Chartres et à Tours.

Elle repartit peu après dans le Midi, où son voyage ne fut encore qu'une longue suite d'ovations.

Le 27 avril 1881, la reprise de *la Flûte enchantée* permit de constater une fois de plus la voix toujours pure et le style merveilleux de Mme Carvalho. Le fameux duetto fut bissé avec acclamations ; rarement il avait produit plus d'effet.

Même succès à la rentrée de Pamina, le 31 octobre.

Après une saison à Bruxelles, où elle est encore applaudie dans plusieurs rôles, et principalement dans *Philémon et Baucis*, la grande artiste fait une nouvelle rentrée triomphale à l'Opéra-Comique dans *la Flûte enchantée*, où les bravos et les rappels lui sont prodigués.

L'année suivante, elle reprend le rôle de la comtesse des *Noces de Figaro*, avec Mlle Isaac dans le rôle de Suzanne, et Mlle Van Zandt dans celui de Chérubin.

Quelques jours après, Mme Carvalho chantait l'air d'*Actéon* au bénéfice des artistes dramatiques, où elle obtint le plus brillant succès.

Nous avons épuisé ces notes, recueillies dans une glorieuse période de trente-six années, sans rencontrer, exception inouïe, une seule discordance.

Mme Carvalho partage avec la Malibran la gloire d'avoir été célèbre à ses débuts, et, dès le commencement, proclamée sans rivale par tous les gens de goût. Il y a trente ans que, dans la reprise fameuse du *Pré aux Clercs*, la grande artiste française s'est placée hors de pair. Mais elle a de plus que l'illustre fille de Garcia d'avoir conservé durant une longue carrière son incontestable supériorité.

Il se produira certainement pour les hommes de notre génération ce qui est arrivé aux contemporains de la Malibran et de Mme Damoreau. On ne peut imaginer qu'il sera possible d'entendre interpréter par d'autres que Mme Carvalho les rôles auxquels elle a imprimé l'ineffaçable sceau de son génie. On applaudira aux efforts de celles qui entreprendront, sinon de l'égaler, au moins d'approcher d'un talent qui est la perfection même, mais sans pouvoir jamais le faire oublier.

C'est le propre des trop grandes admirations de ne pouvoir être renouvelées ; ce sera notre consolation d'en garder l'éternel souvenir.

Paris, imp. Jouaust et Sigaux.

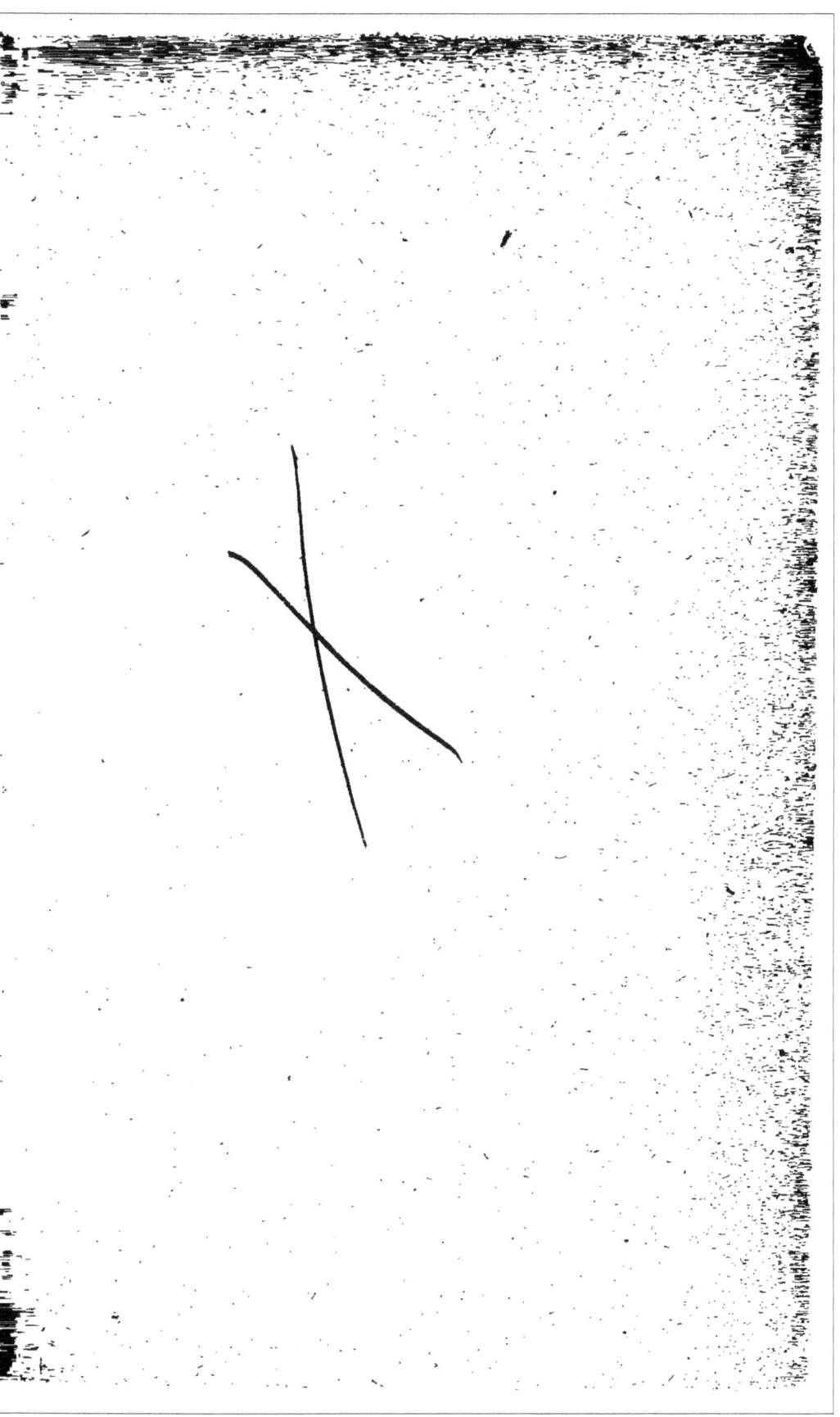

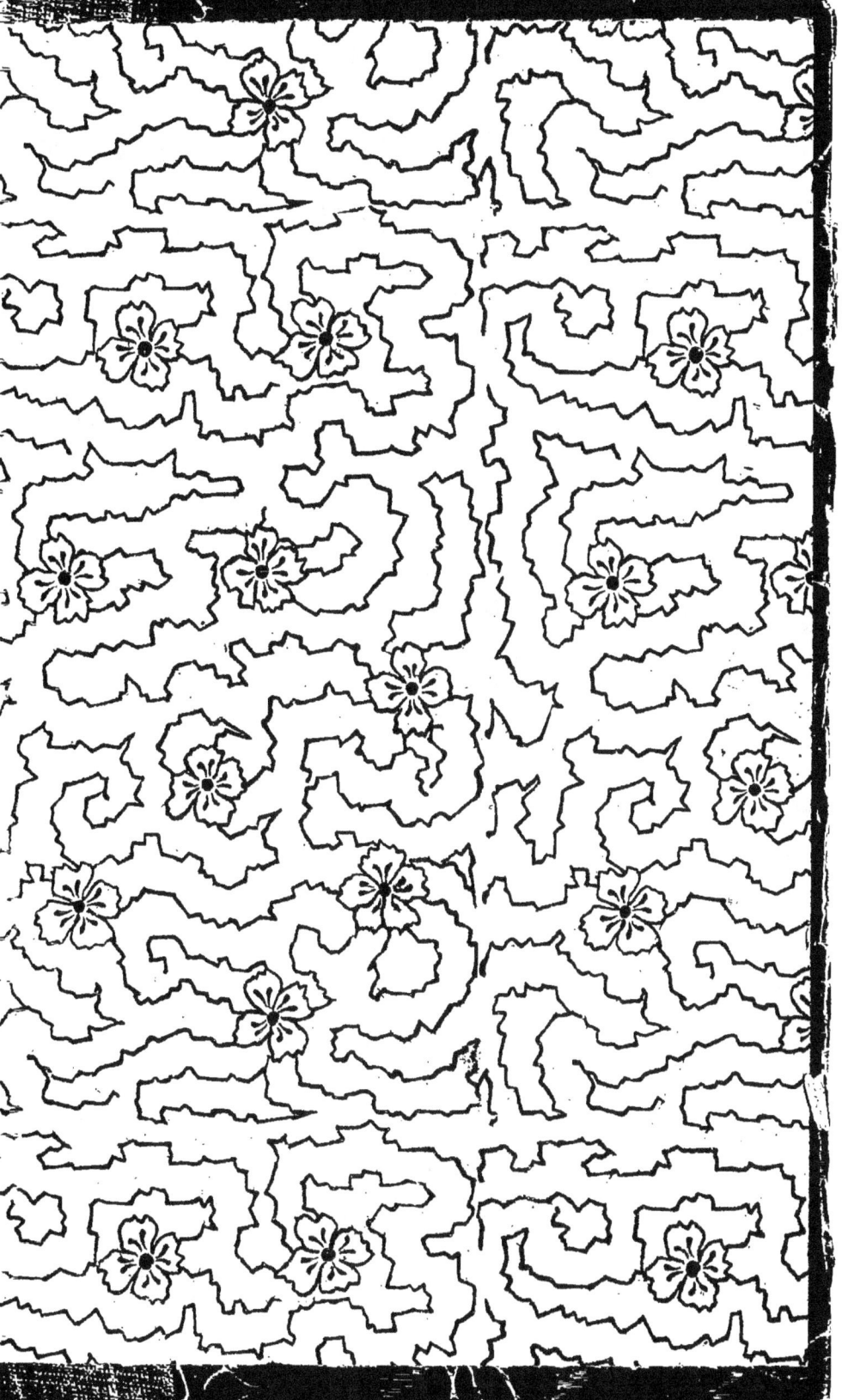